吹奏楽の神様屋比久勲を見つめて

叱らぬ先生の出会いと軌跡

山﨑正彦

Yamazaki Masahiko

Stylenote

目次

第1章　福岡太宰府に九州情報大学吹奏楽部が誕生

楽器の音が鳴り響く大学／11
本格的吹奏楽部をめざして／13
大学教員になった屋比久／14
沖縄時代　母の教え／15
沖縄時代　音楽科教員　屋比久／19
沖縄時代　米国統治下にあって／21
美しい音を発することの重要性　沖縄時代にはじまっていた／22
福岡時代　神様の時代へ／25
鹿児島時代　高校生とさらなる高みへ／28
真っ白なキャンバスのような吹奏楽部／29
悲しみを乗り越えて　再び福岡へ／31
原石を磨く／33

人としての屋比久に惹かれて／35

第２章　音楽教師　屋比久をもたらしたもの

渡久地政一の教え　音は絶対的なもの、音楽は感受性で変わる相対的なもの／40
大切なのは人間教育　お金と時間／41
毎日一緒に／42
時間は守る／43
時間は大切だから　渡久地の教えはいまに生きて／45
朝比奈隆について／47
沖縄から神戸へ／49
朝比奈隆の教え　指揮はわかりやすく／50
朝比奈のレッスン／52
小澤征爾との偶然の出会い／56
「音楽をしている」とは／57

第3章　屋比久流の教育方針とその実り

屋比久流、叱らない教育とは／60
叱らないけど叱る／60
声を荒げず叱る／62
叱って「できる」はもたない／63
まったく叱らない吹奏楽指導／63
叱らない理由　母の教え／65
〈叱る〉がないから〈叱らない〉もない／66
穏やかで静かなトレーニング／67
ダイナミックな変容／70
屋比久流考えさせる教育／72
音楽指導での見守り方／74
忍耐を要する「考えさせる教育」／75
情報高校で実っていた考えさせる教育／77
この吹奏楽部はコンクールバンドにあらず／78

驚きの自由曲決定の時期／79
屋比久が留守にしていても／80

第4章　屋比久の音楽づくり

基礎・基本の徹底／84
すべては音色から／86
大学でも基礎、基本／87
リップスラーを制する者、金管を制する／90
常に上昇する要求／92
音色とチューニング／93
心地よいフレーズ感と音量／95
心地よいフレーズ感と音色／97
情報高校での驚きの結実／97
心地よいフレーズ感は基本中の基本／99

第５章　九州情報大学の挑戦と実り

２０１５年４月　活動の本格的スタート／104
２０１５年夏　福岡県大会を抜けて九州大会へ／107
それでもやっぱり基礎練習／108
２０１５年　九州大会での健闘／111
我々はコンクールをめざすのか？／112
叱らない教育による意識改革／114
コンクール初出場の実り／115
九州情報大学の挑戦の意味するもの／117
学内での聞き取り／118
九州情報大学の挑戦と実りから／122

第６章　屋比久と大学教育　その意味

屋比久の理想とする音と音楽／126
音へのこだわり／129

大人の音・大人の音楽／131
大学生相手でも「叱らない」教育／133
食事も心配／135
基礎練習の難しさ／136
そもそも『基礎練習』とは／138
彼らはただものではない／139
今後への期待／142
表現力を紡ぎだす屋比久の指揮／143
屋比久の下で育まれた感性は一生もの／145
２０１６年夏　九州大会を前に／146
短い合奏練習ですることとは／147
音楽表現を言葉でどう伝えるか／148
歌唱・弦楽器ボウイングを例に／150
顔つきが変わった／151
伸び縮みする音／152

２０１６年　全国大会当日練習／154
本番直前でも／156
本番前　心と心が通い合って／157
加賀の国に太宰府の音が鳴り響く／163
笑顔の表彰式／166
パフォーマンスとミス／167
九州情報大学吹奏楽部の未来に向けて／169
その歴史は浅くても／170
屋比久は人々に愛されて／173
吹奏楽の神様　人生の師／175
指揮台での人生　これからも／177
あとがき……　その前に　九州情報大学吹奏楽部の君たちへ／179
あとがき／185

第1章

福岡太宰府に九州情報大学吹奏楽部が誕生

太宰府天満宮への参道

太宰府天満宮境内

楽器の音が鳴り響く大学

福岡（天神）駅から西鉄電車で西鉄二日市へ。そこで電車を乗り継いで2駅乗ると太宰府駅に着く。九州最大の繁華街、福岡・天神からわずか30分余である。

すでに、どこか観光地然としている駅前を右に曲がると、そこは太宰府天満宮へと続く参道である。修学旅行生や国内外から訪れた大勢の参拝客が、名物の梅ヶ枝餅を片手に、それをかじりながら思い思いの足取りで本殿へと向かう。海や坂こそないものの、その町並みは湘南江の島や京都清水寺への参道を思わせる。独特の風情を感じ、遠来の者にとっては旅情を感じさせる。

その駅前からスクールバスに乗り込み5分もすると小高い丘の上にキャンパスが見えはじめる。校門を抜け、坂を上りきったところのロータリーでバスを降りると楽器の音色が聴こえてくる。吹奏楽部の個人練習の音や楽曲のパッセージ、ロングトーンが止めどなく鳴り響いていて、あたかも音楽大学のキャンパスのようだが、そこは音大ではない。

キャンパス内に楽器の音が鳴り響いているのは九州情報大学の経営情報学部キャンパスだ。経営情報学科、情報ネットワーク学科の2学科を擁している。元来、就職率の高い大学と聞いているが、建学の精神として「優れた社会人たるにふさわしい温かい人間性を」「優れた専門性をみが

吹奏楽部練習室から見た学舎とロータリー

く前に豊かな人間性を」を掲げており、人に寄り添う、血の通った技術者の養成を旨としていることがうかがえる。

それを具現化するかのように、理事長・学長から「キャンパスにはいつも音楽が必要」「情報系大学であるからこそ学内に音楽を」という方針が打ち出され、2014年（平成26年）度より本格的な吹奏楽部が設立され活動がスタートした。人としての温かさ豊かさの実現のためには音楽が不可欠であり、音や音楽に包まれ、自ら、あるいは協同での表現を磨くことは、そのまま人としての温かさ豊かさの追求でもあるからだ。

個人練習を見守る屋比久

本格的吹奏楽部をめざして

いっぽうで、わが国における吹奏楽部の隆盛は、現実的にはやはり高等学校までであり、吹奏楽にあれほどまで打ち込み熱中していた卒業生のなかには行き場を失っている者も少なくないのではないだろうか。その気はあるが進学した大学に思うような吹奏楽部がないというような状況もあるだろう。その意味でも九州情報大学の吹奏楽部は彼らの「受け皿」となる。注目しなければならない。

九州情報大学がその吹奏楽部にかける意気込み、本気度は、その指導者陣を見ればわかる。それが単なる部活動に止《とど》まらないことは明白である。その指導者の指導の下に高等学校までに磨き上げた高度な演奏技能や表現力等をさらに高め、大学ならではの吹奏楽部に磨き上げていこうとする明確なメッセージが伝わってくる。九州情報大学は全国に向けてそれを発信したとも受け取れる。

学生たちは卒業後に社会で貢献するための知識を得ることや技能を磨くことに勤《いそ》しみ、資格をめざしながら、いっぽうでは中学校や高等学校で慣れ親しんできた吹奏楽に打ち込み、人としての自分をも高めていくのである。

九州福岡ではじまったこの新しい動き、その中核を担うのは、吹奏楽の神様として日本中にその名が知られている屋比久勲氏（以後、屋比久と記す）である。彼は2014年より教授として、そして吹奏楽部音楽監督（常任指揮者）として九州情報大学に就任し、同じく吹奏楽部顧問（常任指揮者）である中山彰信教授と共に新生スタートをきった吹奏楽部を担うことになった。

大学教員になった屋比久

2014年春、初めて九州情報大学を訪れた日は、屋比久と3名の2年生を交え研究室での長時間の談笑となった。中山教授は事情を察してくださり、以降、私が取材をしやすいように常に適度な距離をおき、屋比久と私との時間を確保してくださった。

大学生と語り合う屋比久の様子は、それ以前の勤務先である高等学校の生徒と向き合う様子と基本的に変わらない。大きく違うのは、屋比久が語り合う相手が思いおもいの洋服を身につけ、好みの髪型で自分を表現している大学生ということである。「昨日は、遅くなって帰れなくなり、皆で○○のアパートに泊まりました」というような会話が先生との間で自然に交わされている。

無断外泊は高等学校教員の屋比久であれば生活指導の対象となる。しかし、大学生にとっては誰かのアパートに皆で泊まるなど、言ってみれば日常的なことである。大学の教員が生活指導を行わないわけではないが、学生自身が多くのことに自己責任を負っている大学では、高等学校の教員に比べて生活指導に立ち入ることは、やはり少ない。その分、大学の教員としてすべきことは高等教育における専門知識や技能を確実に学生に授けることであり、まさに屋比久は、専門指導に力を注ぐ指導者になったのだと、この談笑を通して再認識した。

沖縄時代　母の教え

ここで少しだけ音楽教師・屋比久の今日までの軌跡をたどってみたい。

彼は沖縄に生まれ育っている。いまでは、多くの記事が沖縄を起点とする音楽科教員、吹奏楽指導者・屋比久の業績を紹介しており、その業績が称賛に値するものであることに誰も異を唱えることはない。そして、これほどまでに多くの人に敬われ、そして慕われ、愛されている指導者はそう多くはない。

屋比久は人から好かれ慕われる。その大きな理由は彼の人柄にある。私が特に感じていたのは、出版社からの手順を踏んだ取材とはいえ、取材開始当時、私のような数回しか会ったことのない者にも、いつも笑顔で丁寧に応対してくださる人柄である。長時間に及ぶ取材に嫌な顔ひとつせず、なおかつ、緊張を強いるようなことも一切なく、むしろ、いつも気分を穏やかにしてくれる。この〝穏やか〟という語は、屋比久を語るうえで外すことができない。

しかし、彼からその生い立ちを直接教えてもらうと、穏やかに笑ってばかりいられなかったであろうと思わせる不幸な出来事もあり、屋比久家は危機的な状況に陥ったこともあったようである。

屋比久が小学校4年生のときに教員であった父親が急死。母親と6名の兄弟が残されることになる。もうひとつ残ったものがある。それは、父親が畑や山を購入したことによる借金であった。母親は一家の大黒柱とならざるをえず、辞めて久しい教員に復帰したものの、借金を返済しなが

君があと追うすべもなし
六人の幼子あれば
強く生きなむ

屋比久勲の母（屋比久和）　　和さん41歳時の詠

らどうにか生活をやりくりする日々が続いたそうだ。

そのようなことを、屋比久は悲壮感をみじんも漂わせることなく、終始笑顔で、やはり穏やかに、まるで笑い話のように私に語ってくれた。なかでも、母親の月給が1700円であり、そのうちの500円が兄の通う大学の授業料として支払われると、「さあ、みんな、残りの1200円で生きていくのよ」と母親は宣言したという。この話は、その頃の屋比久家の切実さを伝えている。「買い物は醤油のみ、味噌も自家製となった」などと具体例で語られると現実味は一気に増し、笑顔での生活というよりは、眉間にしわを寄せ、ため息の連続の生活が思い浮かんでしまう。当然、「お小遣いちょうだい」と口にしたことは一度もないと屋比久はいう。

その屋比久家にも大きな救いがあったようだ。それは母親の「お金がないのは事実、でもお金だけが財産ではない。頭が財産、勉強に励みなさい」という言葉である。結果、屋比久の兄は秀才と称され、有名国立大学に進学している。弟も有名国立大学に特待生として進学している。もちろん、母親の言葉だけでなしえることではなく、当人たちの努力や才能によるところも大きいだろうが、家庭の方針として「勉学こそ生きる道」が掲げられていたことは、その結果と無関係ではないと思う。

さて、屋比久当人であるが、その人生は少々興味深い。もともと水泳が得意だったこともあり船乗り志望であった彼は、めでたく外国船船員の適性検査に合格して有頂天となった。喜びをそのままに、結果を母親に報告したところ「あなたは、その生活でいいのか!」と一喝された。そして、「大学に行って、もっと学びなさい」と諭されることになる。

母のそのひと言が背中を押し、彼はめでたく琉球大学・初等教育科に進学することとなった。4年生のときに音楽科の教員になる決心をし、それを母親に伝えた。当然ながら、大いに喜ばれたという。屋比久の母親の教えが違っていたなら、彼はまったく異なった道を歩んでいたかもしれない。

一家の危機的状況に及んで「頭が財産」と言ってのける母親。まさに、人が人として生きるうえでの本質をついている教えである。その教えに従った屋比久家の面々は、いまはそれぞれ、その頭を財産として、多方面で活躍していると聞いた。屋比久もまた、神様として日本の吹奏楽界になくてはならない存在である。今日の神様・屋比久を生んだ背景に肝っ玉母さんあり。なんとも、運命的な話であり、救われる話である。

沖縄時代　音楽科教員　屋比久

琉球大学の初等教育科で学んだ屋比久は当初、体育科教員を志望していたという。兄からの「体力がないとつらくなる」とのアドバイスもあって、それまでも得意であった水泳に本腰を入れることとなった。いま思えば、風邪をひくこともなければ、インフルエンザの猛威のなかにあっても感染することのない健康な身体が、この水泳によって育まれたのではないかということである。

琉球大学時代には渡久地政一氏（以降、渡久地と記す）に師事しているが、彼との出会いにより屋比久は音楽科教育にも惹かれることとなり、大学4年次に音楽科教員になる決意を固めることとなった。音楽科がいくつかの選択肢のなかのひとつであったことに少々驚かされるが、現在の屋比久の存在を思うと、ここでの決意と渡久地との出会いが、やはり運命的なものであったわけである。この渡久地については、のちにあらためて触れたい。屋比久は、渡久地から音楽科教員として身につけることはもちろん、多くを学んだと語っているからである。

屋比久は晴れて音楽科教員となって、この沖縄時代に小学校で3年間、中学校で25年間教壇に立っている。中学校は垣花中学校を皮切りに、真和志、石田、小禄、首里の各中学校を歴任した。この本で焦点とする吹奏楽部顧問としての業績としては、1965年(昭和40年)に垣花中学校を沖縄県吹奏楽コンクール県予選(大賞碑)に導き、そこで優秀賞を獲得、同年、行進バンドコンテスト(Bパート)において2位を与えられている。それ以後、今日まで連綿と吹奏楽コンクール等に勤務校の吹奏楽部を導き、1972年(昭和47年)には真和志中学校を率いて全日本吹奏楽コンクール全国大会に出場し、初めて金賞を受賞するに至っている。それから今日までのことはあらためて説明するまでもないが、屋比久の率いた学校に関わる受賞歴からは、金賞、最優秀賞等以外を探すのが難しい。

沖縄時代　米国統治下にあって

ここで考慮しておかねばならないのは、1972年に本土復帰するまでは沖縄が米国統治下にあったことである。吹奏楽部とはいえ、使っている楽器はお世辞にもよいものとは言えず、予算も限られていたという。放課後にはクズ鉄を拾い集め、それを売って楽器を購入するなど部の運営費の足しにしていたともいう。

私がその話を屋比久からじかに聞いたとき、やはり彼は笑顔であり、苦労話のはずが、どちらかというと笑い話のようであった。実際の、その当時の苦労がどのようなものであったか、次のエピソードが物語っている。

あるとき、屋比久は神戸の高名な音楽家の自宅に向かうためにタクシーを使った。そのタクシーの運転手はたまたま楽器の処分に困っていた。世間話のなかでそれを聞いた屋比久は楽器というのでそれを見せてもらうことになりトランクが開けられた。トランクに放り込まれていた物を見てびっくり、当時、見たこともない、セルマー（フランスの有名な楽器メーカー）のピカピカのトランペットがそこに横たわっていたという。

その頃の沖縄ではまず入手不可能なトランペットを目の当たりにした屋比久と、その処理に困っていた運転手の思いとが合致することは必至、交渉は成立し、屋比久は相場よりもお得に、ただし、それでも給与をなげうって、それをもちかえることとなった。

このような環境の沖縄において、屋比久は自らの音楽表現の方向性を定め、教育活動に、吹奏楽に力を注いでいた。

美しい音を発することの重要性　沖縄時代にはじまっていた

屋比久の音楽表現の基本的な方向性は限界を出し尽くさない、まろやかな音づくりと、それによる穏やかな音楽表現といって良いだろう。

その方向性は、すでに沖縄時代に確立されていたと屋比久は言う。具体的には真和志中学校を率いて全国初出場、金賞受賞を遂げたときに、自分の思い描く音や音楽が広く人々から受け入れられたのだと確信したと語ってくれた。ところが、その指導方法等については「習ってはいない」と屋比久は言いきる。吹奏楽指導においては独学だという意味である。

中学校の教員であった当時の屋比久には、すでに譲れない信念があり、それは音に対するこだわりであった。良い音、美しい音、心地よい音というものを求め続ける感性を吹奏楽での音楽表現に臨む際の基本に置いていたということである。そして、そのことが徐々に実を結び、その結果が先の真和志中学校の快挙なのである。

屋比久との会話のなかで渡久地の名が挙がった。「指揮者が変われば音楽が変わるんだ。指揮者と奏者の会話だからね。でも音は変わらないんだ」と渡久地はよく説いたという。渡久地の言葉が意味することは「指揮者は音楽表現の工夫によって表現力を高めることに寄与できる可能性はあるものの、その楽団のもつ音の本質までは変えられない」ということであろう。つまり「団員自らが音を磨く努力をしなければ音は変わらない」ということになる。

屋比久の学生時代のことである。師である渡久地はわずか2小節の練習に2時間かけたことがあったと屋比久は懐かしむ。「君たちピッチが違うよ」「音色がひとつになっていないのが分からんのかね！」というような指摘が繰り返し渡久地から発せられたものの、そのときは「何がいけないのか？」「どうして、そのことにそこまで注意を払わねばならないのか？」と疑問を感じていたという。

このように学生時代の屋比久は渡久地から「音は綺麗に。音は絶対的なものだから」ということを説き続けられたわけだが、後に、自分が中学生を相手に吹奏楽指導をするに及び、渡久地の述べていた意味がよく分かったという。同時に、若いうちにその教えの下で鍛えられた、自らの耳や音に対する感覚を確信したに違いない。

さらに当時、屋比久が、世界的に知られる吹奏楽団の音や音楽を生で聴いた際に、それが自らの信じる方向性と同じものであると確信した。その楽団ならではの美しさの特徴を聴きあてていたのである。そのことは彼に大きな勇気をもたらしたはずだ。このことについては、またあとで述べたいと思う。

屋比久の思い描く音楽とは、人の化粧に例えて言うならば、化粧を可能な限り控えた音楽だと言える。化粧を控えてもその表情や雰囲気が際立つように、常に素肌を入念に磨き続け素肌でまず勝負できるような音楽である。発する音色に関心をもつということは、そういうことだと思う。その素肌で勝負できる音楽が沖縄ですでに奏でられていたのである。

こうして、屋比久は生まれ育ったその沖縄でそのまま教員人生を全うするかと思いきや、次の運命の扉を開けることとなった。それはなんと、福岡工業大学附属城東高等学校（以後、城東高校と記す）の音楽科教員への転身であった。それは、郷里より遠く離れた地への赴任であり、また、長く慣れ親しんだ公立校から私立校への転身でもあった。

福岡時代　神様の時代へ

1990年（平成2年）、屋比久が51歳のとき、彼は単身福岡へと向かう。それは先に述べた通り、城東高校からの招聘である。

この年、福岡市で国民体育大会の夏季・秋季大会（とびうめ国体）が予定されていた。その開会式等において城東高校吹奏楽部が奏楽を行うことになっていたが、時の顧問が海外赴任となり指導者が不在となってしまった。それを補う即戦力として屋比久に白羽の矢がたったということである。もちろん、いわゆる「代打」という役回りにこの人事がとどまらないことは、それまでの屋比久の実績を思えば誰にもわかるだろう。

屋比久は、そのときまでに、すでに沖縄で28年間教員を経験しており、いよいよ教頭となる予定であったという。まさに、教頭職を蹴って異郷の地へと人生の舵をきったことになる。だが、仮に、教頭となっていた場合、引き続き吹奏楽部の指導に邁進できたかどうかはわからない。彼が指揮棒をもつこともままならなくなり、いずれ吹奏楽界から遠ざかってしまったかもしれない。そうであるなら、わが国における最高峰の吹奏楽指導者としての屋比久は存在していなかった可能性も否定できない。よって、この城東高校への転身が、彼が吹奏楽界における神様として、歴史を刻み続けることに寄与したのではないだろうか。

この転身に際して、彼の妻は「あなたの人生なのだから」と、快く送り出してくれたという。いずれにしても、家族にとり、当人にとり、大きな決断であったであろう。このときから、彼は単身赴任を続けることになったのである。

城東高校での屋比久であるが、音楽科の授業を週に12～16時間担当しながらも、校務分掌（学校運営に必要な事務的な仕事）と担任を外れるという条件の下、吹奏楽部の指導に専念しやすい環境が整えられていた。また、屋比久は副担任としてそれまでの中学校における教育実践経験を存分に活かし、例えば、年度初めの学級開きに際して自らのアイディアを提示しそれが功を奏するなど、学級経営等にも大きく寄与していた。なかには、今でも城東高校に生き続けているものもあるという。

そしてもちろん、コンクールでの実績も残している。赴任した１９９０年は福岡県吹奏楽コンクール（北九州）で金賞を、そして九州吹奏楽コンクール（佐賀）でも金賞を受賞した。当然転身のきっかけとなった、福岡「とびうめ国体」のファンファーレに参加している。

その後の活動も華々しく、１９９２年（平成４年）には九州大会を抜け出て全日本吹奏楽コンクールにおいて銀賞、翌1993年（平成5年）には、同じく全日本吹奏楽コンクールに進み、ついに金賞を受賞している。屋比久にとっては、初めて高校生バンドを率いての全国大会レベルでの金賞受賞がこの1993年であり、このときの曲目が「幻想交響曲より第5楽章」（ベルリオーズ）である。以降、1994、1995年（平成6、7年）と連続して全日本吹奏楽コンクールで金賞を受賞、ここで3年連続全国大会出場という、いわゆる「3出」（当時、全日本吹奏楽コンクール全国大会で3年連続して全国大会に出場すると翌年は出場できなかった）の栄誉をえることとなる。ここまで城東高校に移ってから、わずか6年間での出来事である。

「3出明け」（「3出」後、1年休んで再び出場できるようになったことを言う）の1997年（平成9年）から1999年（平成11年）までの3年間に再び「3出」を達成、その後も「3出」を繰り返すほか、全日本高等学校吹奏楽連盟の大会においても、ゴールデン賞・グランプリ、ゴールデン賞という優秀な成績をあげている。

その屋比久に、またまた新たなる運命の扉が待ち構えていた。2007年（平成19年）4月より、彼はそれまで17年間を過ごした福岡と城東高校に別れを告げ、鹿児島市の原田学園　鹿児島情報高等学校（以後、情報高校と記す）に移ることになったのである。

当然のことながら、屋比久が福岡を去るに際して悲しんだ人も多かった。なかでも、やはり部活動の生徒、とりわけ、当時の2年生の受けた悲しみは大きかったようだ。屋比久と共に高校を巣立つ3年生、屋比久の下で1年間指導を受けた1年生、彼らも悲しむ気持ちとしては同じであろうが、2年生であれば、2年間受けてきた指導をもとに3年生になったら「さあ、最高の力をつけて先生と共に金賞を！」という思いになるのが自然である。そこでの、2年生の喪失感は計り知れなかったはずである。

反して、2007年、屋比久を迎えた情報高校の喜びは想像に難くない。当時の情報高校では部活動の活性化が命題となっていた。その起爆剤ともいえる象徴的存在として、屋比久ほどの適任者はいなかっただろう。しかし、屋比久が赴任した当時の情報高校吹奏楽部は部員数が11名だった。その11名でなんとか入学式の奏楽は乗りきったという。

それまでの情報高校吹奏楽部の活動は、必ずしも活発とは言えなかったようである。活動日も土日を含む毎日というようなものではなく、活動のない日があることが当たり前の部であったという。だがそのことが、かえって後々、良い結果をもたらしていったとも言えるのである。

というのも、屋比久が情報高校での指導をはじめたことで吹奏楽部は目的を改め、より高みを求める別次元の活動となった。吹奏楽部はいったんゼロからの再スタートをきることとなる。新生吹奏楽部に入部した2年生40名と、正真正銘の新入部員である1年生30名が入部した70名での吹奏楽部となったのである。2年生は1年生にとって上級生であっても部活動の先輩とまでは言えず、事実上、先輩のいない部活動となった。加えて、述べたように、部活動の活動のあり方そのものも、伝統として確立されていたわけではなかった。

真っ白なキャンバスのような吹奏楽部

〝屋比久が指導者に就任〟し、いわば真っ白なキャンバスに初めて色を塗るようにその指導は浸透し、以降、急速に成長していった吹奏楽部は、早くも3か月後の鹿児島大会のA部門において銀賞を獲得した。これは、情報高校にとって金賞にも等しい重みがあったに違いない。

翌、2008年(平成20年)には、その鹿児島県大会を金賞で通過し九州大会に進み銀賞を受賞した。この年、その九州大会の会場で情報高校の音に接し、懐かしい屋比久の背中を見つめることになった城東高校の3年生は、どのような思いであったのだろうか。

情報高校は、翌、２００９年（平成21年）、ショスタコーヴィチの交響曲第５番終楽章に挑んで、晴れて全日本吹奏楽コンクールへの出場を果たしている。当時を振り返った屋比久は「ちょっと、早すぎたかな」と笑っていたが、先ほどの、真っ白な状況と屋比久の教えとが生んだ、見事な成果である。

情報高校における部活動の活性化は、この吹奏楽部の大成功が他の部にも見事に波及し、その後、運動部系でも立派な成績を収める部がいくつもあると、当時、情報高校の広報部所属職員の役職にもあった屋比久は語っていた。

その後も屋比久は普門館や浜松、横浜で輝ける業績を残し続け、情報高校を育てあげた。また屋比久の業績と活躍に注目したメディアによって「吹奏楽の神様」として取り上げられることが増え、その音・音楽で人々の心をとらえ、世間からも「神様」と知られる存在となっていった。

その屋比久が思い出多い鹿児島を去り、吹奏楽指導者として再び新たなる一歩を踏み出すことになる。

悲しみを乗り越えて　再び福岡へ

２０１４年春、屋比久は情報高校を退職し、約7年間を過ごした鹿児島を去る。そして、同年４月からは、福岡の九州情報大学の教授に赴任した。ちなみに、吹奏楽部の本格的な始動は２０１５年（平成27年）春からとなる。

平成26年春頃から、翌年までの約1年間、沖縄と前任校のある鹿児島、新たなる赴任地である福岡の間を頻繁に行き来しながらも、屋比久は何十年ぶりであろうか、妻と沖縄で共に日々を過ごしている。福岡での単身赴任が約1年後に待ち構えていたとはいえ、夫婦での時間を過ごせた日々でもあった。そしてその夫婦での時間は、二度と来ない、貴重なものとなってしまった。

２０１４年末、屋比久の妻は突然、この世を去ってしまう。私は後になってその事実を屋比久本人から聞いたのだが、あまりのことに驚いた。というのも、２０１３年（平成25年）の秋に鹿児島でご夫婦とお会いしたときには大変お元気で、二人でステージに立たれていたことが思い出されたからである。

聞けば、長い闘病生活、入院生活を経て亡くなられたのではなく突然に逝かれてしまったとのこと。数十年ぶりの夫婦での生活は、この世で最も大切な伴侶の突然の死という、あまりに痛ましく、悲しい結末を迎えてしまったのである。

　それでも、そのことを語る屋比久は悲壮感などはまったく感じさせず、相変わらずの穏やかさで、いつもの口調であった。しかし、中山教授によると、その当時の屋比久は憔悴しきって痩せこけてしまい、本当に気の毒だったという。

　考えてみれば、屋比久は妻との最後の一年間を共に過ごせたわけである。そのことに意味があったと考えることで、この限りなく悲しい出来事におけるひとつの慰めになれば、と思わずにはいられない。

　決して癒えないであろう深い悲しみを心のうちに封印するかのような屋比久は、述べたように、再び福岡での単身赴任をはじめている。鹿児島時代の取材の折には、健康管理に人一倍気を配っていると語っていた。食事は野菜中心を心がけていて、夕食にサラダを欠かさないという。キュウリやトマトの生野菜はもちろん、玉ねぎやキャベツを炒めたりもするという。それらに藻ずくを加えると言うが、これは案外、元気、健康の源かもしれない。昼は魚や肉もとることにしているそうで、鹿児島や福岡で幾度か昼食をご一緒させていただいたが、穏やかに思い出話などを語りながら、ゆっくりとご自分のペースで食事をされる様子を拝見するに、食事の内容のみならず、食事の仕方も健康の一部であると、あらためて学ぶ思いがした。酒については毎日飲むことはせず、飲むときは焼酎の水割りを好み、早く酔いたいときは、お湯割りにするそうだ。お湯割りのひとつの効能を私はこの歳になって初めて知ることができた。

原石を磨く

「あと何年できるかな」と穏やかな笑顔で語ることのある屋比久であるが、吹奏楽の神様として、その魅力とすばらしさを、まだまだ若い人々に伝えていって欲しいと勝手に思う反面、最初の福岡時代から20年以上続いている単身生活を思うと、むやみに「このまま、いつまでも……」と言えないのも事実である。しかし、「あなたの人生なのだから」という妻の言葉が、彼の背中を押し続けていく源になり、彼がこの道を歩み続けるのであるなら、妻は屋比久のことを、これまでと変わらず見守り続けるに違いない。

ともかく幸いと言うべきか、屋比久の周りには、太宰府に集《つど》ったやる気に満ち溢れた若者たちがいる。２０１５年度からは新１年生33名を迎え36名の布陣となり、その春には、彼らはすでにかすかな輝きを放ち、いずれ光輝く原石のような、ただならぬ可能性を秘めていた。

穏やかな空気のなかでの練習

それが磨き上げられ宝石になるかどうかは、その頃には誰も確信できなかったが、一定の間をおいて彼らの音に触れるたびに、それは確信へと変わっていく。

彼らの発する音には、さながら命が吹き込まれたような生気がみなぎりはじめていた。また、躍動感が増すいっぽう、音に神経が張り巡らされたかのような繊細さももたらされていた。そのため彼らの〝音〟は、聴く者の耳を慮《おもんぱか》り、優しく柔らかで、音の一つひとつが心に沁みわたるような温かな〝音楽〟へと変貌しはじめていた。音楽を無機質な宝石に例えるなど、あまりにもナンセンスで、それとは対極にある、血が通い体温をもたらすような音と音楽が、2015年の秋には、すでに太宰府で鳴り響いていたのである。

人としての屋比久に惹かれて

初めて屋比久と会ったのは2013年の春、浜松でのことであった。出版社のスタッフと私とで駅前のホテルのロビーで屋比久の到着を待っていた。すると、彼はロビーに走り込んできた。

「遅れちゃ、いかんと思って」

そのときの彼の言葉である。こちらから忙しいスケジュールの合間に面会時間をつくってもらったにもかかわらず、なんと誠実な方なのだろうと感服した。この日は日本高等学校吹奏楽連盟の恒例行事の最中でもあり、昼前のスケジュールが少し押したとのことだった。

会ってすぐ、屋比久が運動靴を履いていることが目に入った。高等学校（当時の屋比久は情報高校）に勤務していると、火災などの緊急時に備えて自然と運動靴着用になるもので、吹奏楽の神様として知られる人物であることは重々承知していたが、この運動靴に屋比久の教育者としての一面も実感した。帰りの新幹線のなかで先のスタッフと「そういえば、屋比久先生は……」と、どちらからともなく切り出すと「運動靴！」と、思わず声を合わせてしまうほど、我々にとり印象深いアイテムがこの運動靴なのであった。いまでも屋比久はその運動靴を続けていて、私はお目にかかるたびに、一度はそこに目がいってしまう。

数年間にわたる取材を続けていて、いつのまにか屋比久の人柄に惹かれてしまっていることに気づく。会うのを待ち遠しく思ったり、ふとした瞬間に無性に「お会いしたいなあ」と思うようになったり、それはやはり、彼の人としての魅力からである。彼の穏やかで飾らないその生き方や、人としての温かみが、彼と会う時間が重なるごとにじんわりと自分の心に沁みわたり、いつのまにか、しっかりと心がつかまれていたのである。それは私だけではない。全国に多くの屋比久ファンも同じはずである。

彼は鹿児島時代から黒い携帯電話にセロハンテープを巻きつけて使っていた。壊れてしまった箇所を補修したらしい。それが２０１６年（平成28年）秋に、ついに白い新しい携帯電話に変わっていた！

あるとき、屋比久は研究室でその真新しい携帯電話を使っていた。来客への応対係として研究室でよくコーヒーを入れてくれる女子学生に「屋比久先生の携帯電話、ついに新しいのに変わったんだね」と、たずねると、「そうなんですよ！」と、とても嬉しそうな表情になった。ところが、通話中の屋比久が体の向きを変えたとたんに、すでに電池カバーが外れていて内部がむき出しになっているのがわかった。「あれ？　もう壊れちゃっている？」と、小声で学生にたずねると、彼女は小さくうなずくと同時に残念そうに目をギュッと閉じて見せた。言葉を発しないながらも、その表情だけで残念な思いを私に伝えてきた。「蓋がとれちゃったのかなあ」と私が呟くと、彼女は、今度は小声で「無くしちゃったらしいんです」と、まるで自分のことのように悲しそうな表情で教えてくれた。

このようなとき、屋比久がどれだけ学生たちから慕われているのかがわかる。思えば、この女子学生は鹿児島時代から屋比久の指導を受けているうちの一人だ。ずっと、屋比久の指導を乞い続けていて現在に至っている。その長い時間、屋比久の人としての日常を垣間見ながら、彼の人間的な側面に親しみを感じるのではないだろうか。吹奏楽の神様と称えられる偉大な指導者でありながらもセロハンテープで補修した携帯電話を使い続け、やっと新機種に変わったと思ったら、すぐにカバーを無くしてしまう。これもまた、屋比久の愛すべき一面だと思える。

２０１３年に浜松からはじまり、鹿児島を経て福岡・太宰府へ。私にとってのこの5年間は、心惹かれる屋比久のためにこの本をまとめなければという思いに満たされた日々であった。

第2章

音楽教師　屋比久をもたらしたもの

渡久地政一の教え　音は絶対的なもの、音楽は感受性で変わる相対的なもの

すでに述べたように、屋比久は琉球大学での4年間、渡久地に師事している。渡久地を慕っていた屋比久は、卒業後も頻繁に彼の自宅を訪れていたという。実は、この渡久地と屋比久の母親とは、かつての同級生であったということで、家族ぐるみの付き合いが生じていても不思議ではない。

その渡久地が屋比久に伝え続けた教えがある。それは、〝音は絶対的なもの、音楽は感受性で変わる相対的なもの〟という教えである。

前者の〝音〟についてだが、例えば、一点ハ音（一般的なドの音）はどうやっても一点ハ音でしかない。絶対的にそれが一点ハ音の音高だからである。吹奏楽の場合、発する音については、チューニングメーターによりピッチのレベルまで正確にコントロールするものだ。このコントロールが上手くいかなければ、同じ一点ハ音でもピッチによって高い、低いが生じてしまうので、結果的に適正なピッチから離れてしまう。そのような場合、低いものは低い、高いものは高い、というように、絶対的なものとして、その音を語ることができるのである。合奏では、当然、この絶対的な音が重要であり必要不可欠だ。

ただし、渡久地の言う絶対的とは、そのことだけではないだろう。我々は音について、「綺麗」、

「やかましい」、「綺麗ではない」といった言葉で形容することができる。さらに、その音が、なぜ「綺麗」なのか、もしくは「綺麗ではない」のかの理由を述べることも可能である。

例えば、ある音に対して「綺麗な音ではない」と私が感じとった理由を、音が強すぎる、弱すぎる、発せられている音が一定の音量を保てず揺れている等、様々な言葉で表現することができる。表現は違っても、それらはどれも同じ方向性を意味するコメントであり、どれも単なる感想ではなく、客観的なものの言い方をしていることになる。

仮に、「私にとってその音は強すぎて、綺麗さを感じるどころか、耳が痛くなりそうだった」と言ったとする。その音が綺麗ではないとする自らの感じ方について、おそらく、誰も同じく聴き取っていたであろう「強すぎる音」をポイントとして、その理由を説明していることになる。

この「誰もが同じく」が重要であり、述べている理由を、ある程度客観的(絶対的)に説明している。渡久地の言う「音は絶対的なもの」という言葉には、このことが含まれているように思う。

大切なのは人間教育　お金と時間

屋比久は渡久地から人間教育がいかに大切であるかについても学んだという。昨今、ようやく大学教育でも、この人間教育の大切さが説かれはじめているが、半世紀も前に、渡久地は学生たちに、この「人としてどうあるべきか」を伝え続けていた。なかでも、「自分の言ったことは守る」「できないことは言わない」の2点は、屋比久の心に深く刻み込まれたようである。この2点を「人としてどうあるべきか」の基本として指導していた渡久地が特別に厳しく指導していたのが、お金と時間についてだそうだ。渡久地の話になるとそれについて、よく屋比久は私に語ってくれた。

借りたお金を返すのは人として当然のことであるが、渡久地の念頭にあったのは単に「お金を借りる」ではなく、「返す義務のある、お金というものを借りる」という考え方だったそうだ。学生が渡久地からお金を借りるとき、その場で、その貸借関係が紙に記入され、壁に貼りつけられたという。先生からお金を借りざるをえないような苦学生が多かったと察せられるが、学生は、渡久地の身近にいて、その情に救われながら、大切なことを学んでいたことになる。

毎日一緒に

ところで、屋比久がこれまで続けている吹奏楽指導は、前任の情報高校、そして現任校の九州情報大学での指導のように、常に、生徒や学生と身近な距離で過ごす、日々のコミュニケーションのうえに成り立っている。その利点について情報高校時代の屋比久は「毎日、一緒にいることに意味がある。一緒にいないとわからないことも多い。断片的に生徒を見ていてはだめだ」と語っていた。この言葉は、金の貸し借りにまで及んだ教師・渡久地との信頼関係があってこそもたらされたのではないだろうか。そのような師に出会える幸せは他に代えがたいものとなったはずである。実は、屋比久と共に、同じ吹奏楽の世界にあって、やはり神と崇められている淀川工科高校の丸谷明夫先生も同じことを言っているという。

そうなると、吹奏楽部の活動時にのみ、コーチとして関わる指導のあり方には限界があるということかもしれない。だとしたら、少しでも早く学校に到着し、生徒とコミュニケーションを図る以外に方法はないであろう。練習を終えた後も、最後の生徒一人にまで声がけをし、可能な限り生徒の話をよく聞くことが、吹奏楽部の指導者として最低限すべきことと言えよう。

時間は守る

渡久地はまた、音楽は時間の芸術であるとして、それに身を委ねることの意味を説いている。屋比久は、その教えのなかで「時間を守ることの大切さを理解すること」を第一とした。それは今日でもなお、屋比久自身のなかに信念として生き続け、今度は、屋比久がそれを後進に伝えている。

屋比久は現在でこそ大学に籍を置くが、かつて高校の教員であったときに、大学の吹奏楽部に招かれ客演指導をしたことがあるという。16名で構成された吹奏楽部だったそうだ。その際、練習開始の時間を過ぎて3名の学生が遅刻してきたらしい。遅刻してきても平然としている学生のその様子に屋比久は納得せず、「我々は、楽曲の出だしを1秒以下の精度で揃える練習をしている。そのように、時間を大切にしなければならない営みをしているのに、どうして決められた時間に遅れてくるの？　5分遅れてきたら、課題曲なら終わってしまうよ」と説教したという。

学生の時間管理の考え方については大学によっても異なるであろう。厳しく管理している場合もあるが、数分の遅れは遅刻のうちに入らないという認識がまかり通る場合もあろう。屋比久の赴いた大学の方針がどちらであったか定かではないが、事実として、学生は遅れてきた。しかも、吹奏楽という〈合奏〉の授業に遅れてきたわけである。合奏では仮にメンバーが１００人いても、そのうち一人が欠けたら練習や演奏が成立しない場合さえある。合奏における16名中の3名の欠員は、それがたとえ数分間であっても大きい。

屋比久の説教の言葉は「練習開始時刻は守る」ということになるが、この守るということが、単に時間を守ることでなく、自らに課せられた他者に対しての責任や義務を果たすことでもあるという趣旨を含んでいる。それらを、学生に説く必要があった。

当然の注意であるが、客演指導ということを考えると、それを説かない選択もあったと思う。それでも、屋比久は自らの信念に基づいて、学齢的には大人である学生に時間を守ることの意味を伝えた。当の学生たちにそれがどのように受け止められたのかは不明であるが、客演指導であるにもかかわらず、あえて、学生に辛口の発言をした屋比久の、指導者としての責任の果たし方を誰も否定することはできない。

そうした厳格な指導者であった渡久地だが、自らの責任の果たし方も徹底していて屋比久の結婚式には39度以上の熱をおして参列したという。「君との約束だから」と。

時間は大切だから　渡久地の教えはいまに生きて

例えば、情報高校のような高等学校の場合、夏休み中の練習日に大きなゆとりをもつことができる。その場合、個人練習を挟んで隊形（舞台と同じ並び方）に揃うタイミングが一日のうち幾度かあるが、当然のことながら、集合時間数分前には全員が揃って屋比久を待っている。もちろん、これは情報高校に限ったことではない。音楽表現によって、その高みをめざそうとする者なら、1分1秒の損失がどのような意味をもつのかを理解しているからだ。音楽表現の道に生きていると、日々、時間の大切さを実感せざるをえないのだ。

楽器を吹いて思うような音色になるまでには、それ相応の時間が必要となる。それどころか、このような基礎練習に、どんなに時間をかけようが、自分の思う、あるいは指導者の要求する音色が奏でられるようになるとは限らない。楽曲の演奏や、曲の練習、おさらいであっても、仮に、その楽曲の演奏に5分間を要する場合、途中中断せずに通して演奏するだけでも、与えられた、限りある練習時間からその5分が減っていく。気になる箇所のやり直しなどをしていれば10分や20分はすぐに過ぎていくことになる。

また、楽曲はどれも5分程度なわけではない。20分を要する楽曲があれば、それ以上の楽曲だってある。〝音楽表現の道で生きる〟とは、ずばり〝時間との闘い〟でもある。一日が24時間ではなく、もっとあればよいのにと、この道を歩む者なら、誰もが一度は思うことではないだろうか。

もっとも、時間さえあればよいというものでもない。音楽表現は多かれ少なかれ自らの身体を使うものだから、身体が悲鳴をあげる。限界というものもある。声楽専攻であれば、「これは一晩寝ないと治らない」という状態になることも、何度も経験しているだろう。

屋比久のように、大学時代に高度に専門的な知識や技能と、人として生きるうえでの大切なことについて学び、自らが社会に出てからは、事あるごとに若者たちにその大切さを伝えていくことはすばらしい連鎖をもたらすであろう。高等教育までをも含めた屋比久の一連の教育活動における重要な部分である。

今や広く知られているが、屋比久は音色やサウンドという言い方で音に対してただならぬこだわりを見せる。九州情報大学の学生たちは、述べたように、いままさに、音色やサウンドに目覚め、その向上のための基礎づくりに励んでいる。そして学生たちは、「借りたお金は返す」、「時間を守る」といった基本的なことも含めて、人としてどうあるべきかを学んでいる。屋比久が生涯の師と仰ぐ渡久地の教えは、屋比久により、間違いなく現代に生かされ、大きな成果をもたらしている。

朝比奈隆について

朝比奈隆（1908－2001　以降、朝比奈と記す）は誰もが知る日本を代表する世界的な名指揮者、偉大な音楽家である。大阪フィルハーモニー交響楽団（以降、大阪フィルと記す）の音楽総監督であり、没後に、同団より創立名誉指揮者の称号が与えられている。ブルックナーの交響曲の解釈には世界的な定評があり、世界中にブルックナーの魅力を伝え続けた。

朝比奈がブルックナーの交響曲を指揮するときはハース版（ブルックナーの楽譜には当時の弟子が後から修正を入れたものが多く、後世に多くの学者がブルックナーの意思に近づけようと校訂を行った。その代表的な版のひとつがロベルト・ハースによってつくられたハース版）を使うことで知られている。ビクターから発売されている朝比奈が指揮するブルックナーのＣＤ（VDC-1214）の解説に、興味深い逸話が紹介されている。１９７５年（昭和50年）、朝比奈はブルックナーの聖地と称される聖フローリアン修道院（リンツ郊外のカトリック修道院。ブルックナーは少年期に聖フローリアン修道院の聖歌隊員であり、後にオルガニストも務めている。ブルックナーはこの教会のオルガンの位置する地下に永眠している）において大阪フィルとブルックナーの交響曲の演奏を行っている。そのとき、ハース版の校訂者ハースとともに著名なノヴァーク版の校訂者レオポルド・ノヴァークが演奏を聴いていた。ノヴァークはその演奏に強い感銘を受けて、演奏終了後、楽屋の朝比奈をたずねたという。朝比奈がノヴァークに対してハース版を用いたことを詫びると、ノヴァークは「よい演奏に版の問題は関係ない」という最大限の賛辞を贈ったという。

沖縄から神戸へ

時はさかのぼって1972年(昭和47年)、屋比久は真和志中学校の音楽科教員であった。『トッカータとフーガ』(J・S・バッハ)で全国大会を決めたそのとき、彼は、この偉大なる朝比奈と出会った。この年、沖縄が日本に復帰し、それを記念して10月に沖縄で「九州吹奏楽連盟の第17回吹奏楽コンクール(復帰記念沖縄大会)」が開催されて、審査員として朝比奈が来ていたのだ。

朝比奈は真和志中学校の演奏を気にとめて助言するとともに「息子がクラリネット吹きだから、そのパートの吹き方の見本と、指導助言を書き入れた楽譜を神戸に帰ったらすぐに送る」と約束したらしい。そして、それはすぐに届いたという。約束を守ることの大切さも痛感したと屋比久はいう。以来、屋比久は朝比奈に指揮を習うことになる。つまり、沖縄から神戸の朝比奈宅までレッスンに通ったのである。第1章で触れた神戸の高名な音楽家とは、この朝比奈のことだ。当時、タクシーの運転手に「朝比奈先生のお宅へ」と告げると、それだけで大抵の運転手は家の場所がわかったという。

心理的な距離として、現在とは比べものにならないほどに遠かった当時の沖縄である。思いきった決断だが、この朝比奈への師事が音楽科教員、そして吹奏楽指導者としての屋比久のその後の歩み方を決することにもなったと彼はいう。

初めてのレッスン。そのときは謝礼（いわゆるレッスン代）をどの程度にしたものか、まったくわからなかったので、屋比久は沖縄で入手しやすかったパイナップルと牛肉を大量に抱えて朝比奈家のドアをノックしたという。これには特に朝比奈夫人が大喜びだったそうで、屋比久は胸を撫で下ろしたことであろう。荷物には当然レッスンに必要な楽譜などもあるので、それらも含めて、結構な重量だったのではないだろうか。いっぽうで、屋比久の強い決意、熱い思いも感じる。

朝比奈隆の教え　指揮はわかりやすく

朝比奈の最初の教えは、「相手が中学生なのだから、ともかくわかりやすい指揮をしなさい。格好をつけたような指揮をしてはだめだ。私らは、プロの音楽家なのだから、演奏会で少々派手なことをやるが、それとこれとは違う」というものだったという。考えてみれば、これほどもっともな指摘はないであろう。

それ以後、屋比久は正確でわかりやすい指揮を第一に心がけ、現在の彼の指揮にも一貫している。決して派手さはないが、おさえるべきことは、きちんとおさえられている。奏者にとっては非常

タクトをとる屋比久

にありがたい指揮である。とりわけ楽曲の緩徐な部分では、奏者や観客が見ていても、そのまま音楽に浸りきる気分になれるような指揮であり、また、一目瞭然で楽曲の終止部分がわかる。楽曲の終始がはっきりわかることは、合奏では非常に大事なポイントである。

指揮はとても難しい。演奏者を前に指揮を経験したことがある人なら、その難しさがよくわかるはずだ。おそらく、終わりのない奥深さに、一生悩み続けるのが指揮ではないだろうか。指揮にはバトン・テクニック（指揮をする際の手の振り方や指示の出し方）のわかりやすさとともに、奏者からよい音や音楽を引き出す能力や、奏者をその気にさせるセンスのようなものも要求される。指揮者は指揮というひとつの方法で合奏体から適切な音を引き出し、そして、奏でられている音楽のほんの少し手前のタイミングにおいて、奏者に対して様々なことを仕かけながら、音楽性に満ちた音楽が生み出されていくよう仕向けていく存在である。

それがそうではなく、楽曲の出だしの合図としての指揮はするが、いつのまにか、鳴っている音や音楽に合わせて指揮をしてしまっているようなことになると、同じ指揮であっても、先に述べたものとはまったく次元が異なってしまう。すなわち、指揮者は、朝比奈がまず指摘したバトン・テクニックという大前提となる技能と、合奏体と協同で、例えば、美しい音楽をどのように創り上げていくのかといったことについての責任も担う、まさに音楽監督という名にふさわしい才覚をあわせもたなければならない。

朝比奈のレッスン

朝比奈は、屋比久が訪ねてくると「今日はどうして来たの？　何がわからないで来たの？」と聞いたという。つまり、朝比奈の課した課題や宿題のできを検証するレッスンではなかったことになる。

朝比奈は、レッスンがはじまると「君は、この曲にどのようなイメージをもっているのかね？」

と穏やかにたずねたそうだ。そして屋比久の話をじっくりと聞いてくれたそうである。そのうえで、意見の交換をしたという。屋比久が曲のイメージを話すと、「そのようなイメージをもったのなら、それを音や音楽にするための練習方法をどうするのかを考えなければならない。そのためには、まず君の方から、〝作曲者の意図はこうだと考えるから、このようなイメージをここで描きたい〟ということを生徒にきちんと説明しなさい」というように説いたという。日本を代表する大指揮者であるにもかかわらず、自分の考えや思いを押しつけることをしなかったのだ。

そのイメージとともに、朝比奈が終始、口にしていたことがブレスと音のバランスのことであったという。特に、吹奏楽オリジナル作品ではなくクラシック曲の編曲作品を扱う場合は、ヴァイオリンのパートをクラリネットが奏する場合が多い。ブレスを要するクラリネットがヴァイオリンの音をどのように奏でるのかが問題となる。その対処法として朝比奈は、弦楽器ならではの息の長い旋律やフレーズをクラリネットが奏でるためのブレスについて、少しだけ吸うブレス（オヤツのブレスとも言われる）の活用法などを伝授してくれた。これについては先の朝比奈の子息の演奏例が大いにものをいったことであろう。

もういっぽうの音のバランスについて、朝比奈はピアノを弾きながら説明してくれた。朝比奈のピアノの腕前は秀逸で、その腕前には毎回驚かされたそうだ。「その音はトロンボーンの2番だよ。その音は弱く抑えなければ駄目だ」と言うや、薬指のその音を弱くしたり、それとは逆のパターンで別の指を強くしたりと、10本の指で自在に吹奏楽を奏でたという(しかも暗譜でだ)。合奏における音のバランスの大切さについて、実際にその音の鳴り方に基づいて非常に実践的に学べた、ということではないだろうか。

「棒を振ると、肩がこる」と屋比久が漏らすと、間髪入れずに「大きく速めに振ってごらん」というような、すぐに役立つ実用的なアドバイスもしてくれ、それによって、肩のこる指揮から一気に解放されてしまったこともあるそうだ。これなど、現役の指揮の大家ならではの……、というよりも、朝比奈もその道で悩み抜いてきたからこそのひと言であろう。

朝比奈はいつも、後光が差すような尊厳に満ちており、手の届かない高みにあるような存在感を示していたと屋比久は述懐する。実際に筆者は、大阪フィルの団員から「朝比奈先生が振る日は、団員の間に朝から特別な空気感が漂う」という、団員でも強いられる独特の緊張感について耳にしたことがあるが、その朝比奈が「いいか、生徒にわかりやすくだぞ。仮に、君が指揮を振り間違えても、生徒が付いていけるような指揮を心がけることだ」と、まるで日々を学校現場で過ごし、吹奏楽部にも毎日顔を出し、その活動の一部始終や現実を知り尽くしているかのように、屋比久に語りかけてきたのだそうだ。

その話を屋比久から聞いたのは夏の盛り。冷房の効いた、かなり涼しい情報高校の音楽監督室で、懐かしそうに朝比奈とのことを語る屋比久の傍らでポッと心が温まったのを覚えている。教育というものを大切に考える朝比奈の人柄に触れた思いがして、それがこのうえなく嬉しかったのだと思う。

帰宅してすぐに、朝比奈のブルックナーの第7番と第8番（共にハース版）を聴いてみた。演奏を聴いていると、朝比奈の分け隔てることのない人への思いや愛情が伝わってくるような気がしてならなかった。そう感じるのは、屋比久の話を聞いたからだろうか。それまで、この2曲に抱いていたものとは異なる思いが呼びさまされ、じんわりと心に沁みいるような深い感動を覚えた。第8番の第3楽章途中（冒頭より17分半を経過した辺り）には、ノヴァーク版では演奏されない10小節がある（この10小節はハース版での聴きどころでもあろう）。その部分を楽しみにし、ひそかに、息をひそめて待っていた。ほどなく、朝比奈と大阪フィルによって奏でられた胸が痛くなるほどの美しい音楽が流れてきた。そして、自然と涙が溢れ出てきてとまらなくなった。屋比久から朝比奈についての話を聞くことができてよかったと、心からそう思った。

屋比久と朝比奈の関係はその後も長く続き、朝比奈が大阪フィルとの演奏旅行で沖縄を訪れた際も夕食を共にしたという。屋比久は、自らが音楽家、指揮者として生きていくという意味において、朝比奈が最初で最後の師であると語っている。

小澤征爾との偶然の出会い

翌日にコンクール本番を控え、宿泊していたホテルの地下ホールで練習をしていた屋比久と中学生。そのホテルには、新日本フィルハーモニー交響楽団（以降、新日本フィルと記す）と、それを率いる小澤征爾（以降、小澤と記す）も宿泊していたことを屋比久はそのとき知った。

中学生の奏でる吹奏楽を耳にした小澤は、新日本フィルの団員らと、その練習を見学していたらしい。小澤は中学生の奏でる音が鳴りやんだそのタイミングでひと言「中学生の目がいきている。あのような目だ。あの目だ」と、傍らの団員にはっぱをかけたという。「中学生の方が音楽をしている」という、最上級の褒め言葉を、この大指揮者からいただいたと屋比久は語る。その言葉の意味を、後に私はあらためて考えることとなった。

「音楽をしている」

小澤らしい言葉だと思うが、よくよく考えてみると、それはいったい、どういうことなのか。それは単に、音楽表現に対する真摯《しんし》な姿勢や真剣味に裏づけられた中学生の態度を指していたのだろうか、それとも、表面的な音楽づくりではなく、自らの心の情動をともなう、自らのうちに沸き起こる感動を聴く者に伝えようとする精神性に裏づけられた行為を中学生に見たからなのだろうか、または、楽曲を深く理解したうえでの音楽表現力をいうのだろうか、あるいは、そのすべてなのか。

「音楽をしている」とは

小澤自身にたずねてみないとわからぬことを、私はずっと考えていた。屋比久のつくる音楽を聴いていると、そのどれもが自然であり、いわゆる、奇をてらうような箇所がひとつもないことがわかってくる。その、自然な流れのようにつくられる音楽、それが音楽づくりの基本であり、そのような音楽づくりが成し遂げられて、初めて「音楽をしている」と語ることができるのではないかと思うからである。音楽性の基本とも言うべきだろうか。

深読みしすぎかもしれないが、もし小澤の言う「音楽をしている」ということが、基本に忠実で自然な音楽づくりを意味しているのなら、プロであろうと中学生であろうと音楽表現に臨む以上、まずは基本をきっちりとおさえたうえで「音楽をしている」ことが最低限すべきことであると、そのとき、小澤は述べたかったのかもしれない。

実際、その基本のうえに立てば音楽表現の可能性はもっともっと広がり、例えば、あえてその自然さを打ち崩すことによって、聴く者をドキリとさせることも可能となり、それらを通して、表現の幅も広まっていくはずである。屋比久が引き出す自然で心地よい音楽表現、すなわち、〈音楽をしている〉彼らの姿を見ていて、そのように強く感じるのである。ただし、それは、一朝一夕に叶えられるものではない。屋比久がもたらす自然で心地よい、しかも質の高い音楽表現については、また章をあらためて触れたい。

話は戻るが、屋比久と小澤とは、それきりということだそうだが、当時、気鋭の若手指揮者として世界的に注目されていた小澤からの賛辞、その意味深い言葉に、コンクール前日の屋比久と生徒たちは大いに勇気づけられたことと思う。それにしても、偶然、屋比久を小澤に引き合わせた何か、それを神の力と呼ぶか、運命と言うかはともかくとして、朝比奈といい、小澤といい、屋比久は強運の持ち主と思えて仕方がない。

第３章

屋比久流の教育方針とその実り

屋比久流、叱らない教育とは

屋比久は生徒を叱らないことで知られている。『普通の子どもたちをできる子にする　怒らない教え方』（角川書店）という著書があり、テレビでも「叱らない先生」として紹介された。〝吹奏楽の神様〟ではなく〝叱らない教師〟として知る人も多い。

実際に私も、屋比久が声を荒げて生徒を叱るという場面に遭遇したことはない。現任校の九州情報大学では相手がもう大人ということもあるのだろうが、そのような叱るという場面は、やはり見かけない。「そんなことしていると時間が終わっちゃうよー」と自由練習を中断している学生に少し大きな声でたしなめる程度である。前任校の情報高校の生徒にそのことをたずねても、城東高校のOGやOBにたずねても答えは同じ。声を荒げて叱られた経験は一切ないと言っていた。屋比久の長女と話す機会があり、念のため「お父様に叱られたことは？」とたずねてみたが、予想通り「一度もなかったです」という返答。やはり、この「叱らない」は本物なのだと確信した。

叱らないけど叱る

ひと口に叱らない教育と言っても、それを簡単に言い表すことはできない。

実は屋比久の場合も、生徒に対して叱ることが一切ないわけではない。生活態度に関して目に余るようなことがあれば叱ることもあると、屋比久自身が語っていた。ただし、屋比久の場合、〈叱る〉と言っても、先に述べたように、「こら！　それはダメだと言っただろ！」とか「何度言ったらわかるんだ！」などと声を荒げたり怒鳴ったりしての説教ではない。静かに「それは、よくないことだよ」と生徒に言って聞かせることが屋比久にとっての〈叱る〉である。情報高校の生徒や城東高校での、かつての教え子たちが叱られた経験がないと感じているのは、おそらく、屋比久に静かに言い聞かされたことしかないからであろう。

なので、屋比久は生徒を叱ることがないと言いきってしまうと、それは誤解のもととなってしまうかもしれない。人が社会に生きていくうえで気をつけていかなければならないことや、人として身につけておかねばならない礼儀など、生徒の人間的成長に関わることについて、屋比久は機会を逃さずにきちんとおさえているのである。ここでいう生活態度に関する叱らない教育とは、生徒の態度に改善すべき点が見受けられても、それを見逃したり、見て見ぬふりをすることではない。〈叱らない〉のではなく、〈声を荒げずに叱る〉と言い換えた方がよいのかもしれない。

声を荒げず叱る

声を荒げずに叱ることは難しいことであり、忍耐を要することでもある。逆に、声を荒げて叱る、いわば、カツを入れる、どやしつける、カミナリを落とす、というような方法は、そのことによって、ある種、完結したような感覚を生徒も教師も感じやすい。叱る方も叱られる方にも、けじめがついたという意識が生じやすいのかもしれない。

もちろん、それの指導法を悪いと決めつけることはできない。よくないことはよくないのであり、それを教師が正面から伝えることは重要であり、「よくないことだ」と生徒に伝わることに変わりはないからである。おそらく多くの教師が声を荒げて叱った経験をもつだろう。

その一方で、屋比久のような声を荒げずに叱る教育も〝あり〟なのだと強調しておきたい。声を荒げずに叱る場合でも、生徒が自らの望ましくない態度を自覚し、それを正していく方向に仕向けていかなければならない。そのためには「なぜその態度だといけないのか」を、わかりやすく生徒に話して聞かせることが必要であり「今後もその態度を続けた場合、君がいずれ社会に歩み出た場合に、思わぬところで失敗をすることになる」というような、生徒にとって、すぐに想像できるような状況を交えて説明することも重要である。

叱って「できる」はもたない

「叱って『できる』はもたない。叱りすぎると〈生徒や学生に〉〈裏〉ができてしまう。そして『させられている』という気持ちが主となる。そうでなく、本人のその気を待つ。『やらねばならない！』『やりたい！』という気持ちを待つ」

これは屋比久自身が語ったことである。

まったく叱らない吹奏楽指導

吹奏楽部における屋比久の音楽的な指導についてだが、こちらの〈叱らない〉は、生活指導等での〈叱らない〉とは違うレベルの〈叱らない〉である。まさに、まったく叱らない教育が実践されている。例えば、「その高音がまだ綺麗じゃないね……。先生も明日までに、また別の練習方法を考えてくるよ。あなたももう一度、これまでの練習にチャレンジしてみて。上手くいかなかったら、明日、また話を聞かせて」というような現実を変えていこうとする言葉が静かに屋比久から発せられる。

これと似たような言い方を取材中に何度か耳にしているが、声を荒げないどころか、生徒の状

穏やかな空気のなかでの練習

況をたしなめることも一切ない。叱らない屋比久について情報高校の生徒にたずねたことがある。その生徒は「頭ごなしに『どうして、できないんだ！』と怒鳴られれば、正直、カチンとくると思います。一生懸命やった結果について言われるのですから。でも、屋比久先生のように静かに言われると納得してしまいます。そして、一生懸命やったつもりでも、自分でもまだ足りないことがあるのではないかと思い、もっと頑張ってみようという、素直な気持ちになります」と話してくれた。このことについては九州情報大学の学生からもまったく同じことを聞いている。

叱らない理由　母の教え

このように、屋比久が音楽的な指導において、どうして叱ることをしないのか。その理由のひとつは、母親の教えにあるという。「もともとできの悪い児童はいない。それをつくってしまったら、それは、あなたのせいですよ」と、小学校の教員になった頃の屋比久は、母親に言われ続けたそうである。それはいまも彼のなかに生き続けている。自らが吹奏楽指導における全責任を負っているのであり、彼らを一流にするもしないも、それは自分しだいであるという覚悟で指導をしているからである。児童・生徒・学生の状態は自分の指導の結果であり、仮に「できが悪い」と思えても、それは自分の指導への反省に返るべきとなる。そのように考える限り、児童・生徒・学生を叱ることはありえない。

ここで述べているのは、「カミナリを落とす」教育と「声を荒げずに叱る」教育、どちらが正しいのかという話ではない。いずれであろうとも、屋比久と大学生、またかつての屋比久と高校生のように教師と学生・生徒との信頼関係が成立していない限り、カミナリを落とそうが、静かに諭そうが、何をやっても難しい。教師が学生・生徒と良好な信頼関係を結ぶためには、教師自身の人間性がまず問われてくるのは言うまでもない。そして、まずは教師が学生・生徒たちへ強い愛情をもって指導にあたっているかが大事である。それに加えて、彼らが納得できる音楽についての専門性を教師が備えているかどうか、このことも非常に重要なポイントとなる。屋比久はこの両面を完璧に備えた教師だと言ってよいだろう。

〈叱る〉がないから〈叱らない〉もない

屋比久は音楽の指導ではまったく叱らない。先に述べた通りであるが、これは容易なことではない。特に、隆盛を極める高等学校吹奏楽の世界で情報高校や城東高校のように全国レベルの活動を繰り広げていく場合には、演奏活動に限っても、乗り越えていかねばならないことが日々山のように発生し、そして、それらすべてが教師の納得がいくように運ぶわけではない。教師が思わず叱ってしまうような状況も多々あることだろう。

私はそのことを否定しない。社会に出れば、もっと厳しいことは山ほどあり、理不尽なことも数えきれないほどあるからだ。生徒を叱る教師のその思いが社会の厳しさを生徒に伝えることや、基本的に生徒への愛情に満ちていれば、それで良い話ではないかと思う。つまり〈叱る〉、〈叱らない〉のどちらであっても生徒に対して教育的なフォローを施し、結果として生徒たちの育ちを支えていくことが重要だからである。

屋比久と生徒とのやりとりを目の当たりにしていると、母親の教えによって導かれた〈叱らない主義〉が貫き続けているのではなく、そもそも音楽指導の最中に〈叱る〉という行為自体が屋比久の意識のなかに最初からないのではないかと思えてくる。したがって、〈叱る〉がないのだから〈叱らない〉もないわけだ。

穏やかで静かなトレーニング

2013年。夏休みの情報高校で取材していた際のことである。この期間は個人練習やセクションでの練習に十分な時間がとられていて、生徒は吹奏楽棟を中心に、様々なところで個人やセクションとしての課題を克服すべく練習に励んでいた。鹿児島中央駅から市電を乗り継ぎ、情報高校最寄りの「谷山」という電停を降りて歩くこと数分。海に流れゆく川にたどりつき、潮の香りが風に運ばれてくるその対岸に情報高校が見えてくる。橋を渡る頃、吹奏楽部員の発する様々な音が耳に届き、それだけで活発に練習が繰り広げられているのがわかる。

その練習は、その日の集合時間である17時を目安に行われ、17時が近づくにつれ徐々に生徒は個

休憩時間に学生と談笑する屋比久

人練習をやめ、合奏練習室に集まってくる。そこには、譜面台や椅子、そして打楽器群が隊形に配列されているので、全員が揃い、屋比久が指揮台に立てば、いつでも合奏スタートとなる。
生徒たちは三々五々合奏練習室に入ってから17時までの時間、なおも、思い思いに個人練習を繰り返して合奏に備える。屋比久はその頃になると合奏練習室の一角にある音楽監督室から出てきて、生徒の間を歩いて回っていた。一人ひとりの傍に立ち止まっては、熱心に、生徒の発する音色や奏しているフレーズに耳を傾ける。そして、静かに生徒に何かを語りかけては去っていく。生徒にその内容をたずねてみると、「『とても良い音が出るよ

学生の音を真剣に聴いている屋比久

うになっているよ』と言ってもらった」とのことであった。「何も言わずに立ち去ることもあって、そのときは、あぁ、あまり、よくないんだなと残念な気持ちになります」と話してくれた生徒もいて、屋比久にもいわゆる「駄目だし」はあるようだ。それは「君は、今日一日何をやっていたのかね?」というような苦言ではなく、「まだまだだよ、もっと頑張れ!」といった叱咤激励でもなく、無言なのであった。

確かに屋比久は常に穏やかで、口調もあくまでも静かである。それでもただひとつ、厳しい気配を周囲に感じさせるものがある。それは真剣な目、顔の表情である。見ていて怖くなるものではないが、いい加減な思いで音を聴いているのではないということが生徒にも十分に伝わるであろう、威厳に満ちた顔つきである。その表情で生徒の頭を撫でると、屋比久はもう次の生徒の音に集中しはじめていた。頭を撫でられた生徒は「よくなったよ」と告げられたのか、嬉しそうな顔をしている。

ダイナミックな変容

17時になると、全員での音出しとなる。夏から秋にかけてが大事なコンクールへの道、2013年、彼らの選んだ自由曲は『幻想交響曲第5楽章』(ベルリオーズ)であった。しかし、筆者が訪れていたその日は、九州大会を間近に控えているにしては、心配になるような箇所が多々見受けられる演奏となった。屋比久は、それでも、その穏やかさそのままに、淡々と、そのときに最も気になることだけを指摘し、部分的にやり直していた。

〈叱る〉も〈叱らない〉もない屋比久であるから、その穏やかさは、屋比久が努めて保っているのでなく、また演出をしているのでもない。それが彼にとって最も自然な状態なのだ。

その自然さが、時に生徒の思わぬ力を引き出し、高校生とは思えないような離れ業をやってのけることにつながるのではないかと、後になって実感することがあったが、まだ日の高い真夏の鹿児島の夕刻、その日の彼らの演奏を耳にした私は「おいおい、大会間近なのにこの演奏で大丈夫なの?」と思ってしまったのである。驚くのはそれだけでなく、その日の練習はまもなく終了というのだから、さらに驚いた。なんということだ。これで終わり?

仮に私が指導者だったなら、まだまだ明るいのだから、できる限り練習を続けていたことだろう。そして、練習終了となったときも「明日までには、そこのところ、できるようにしておきなさいよ」くらいは言うだろう。

だがそんなことを、屋比久は何も問題にしていない様子だった。

それから10日ほど過ぎて福岡市で開催された九州大会。そこで彼らの演奏を聴いたときに、屋比久はあのとき、本当に何も心配していなかったのだと思い知った。九州大会での情報高校の演奏は、彼らに帯同していた関係で舞台袖から聴くことになったが、「どうだ!」というような見事な演奏であった。発せられるその音色や奏でられる音楽から感じずにいられなかったのは情報高校吹奏楽部の誇りと自信のようなもの、そして、大勢の聴衆の前で大好きな音楽を奏でることを心より幸せだと感じている生徒たちの素直な心情、音楽に対する熱い思いであった。聴いている者にとってはもうそれだけで十分であり、コンクールというものを一瞬、忘れさせてくれるような、幸せな気持ちに満たされる時間であった。

10日前に聴いた、心配になった演奏はいったい何だったのか？　情報高校の55名の演奏は、まさに「お見事！」のひと言であった。それとともに、穏やかな指導でここまでのことを短期間で成し遂げてしまう屋比久という指導者は、やはり神だと思わずにはいられなかった。叱る、叱らないというような、表に現れる行為についての関心がますます弱まり、屋比久の、人としての奥行きの深さや人としての大きさに、私の思いは一気に向いてしまった。

屋比久流考えさせる教育

情報高校吹奏楽部では、夏休み中の練習メニューの構成、遠征での移動や遠征先での行動の管理、遠征費用の出納等、本来の目的である演奏活動以外の運営上処理していかなければならない事務的活動もたくさんあった。それらの活動のなかには生徒が主体となって進めていくものも少なくないようだ。もちろん、そのすべてを生徒が行うわけではないが、当然、練習メニューや普段の活動についてはリーダーの下、生徒が中心となってプログラミングを実施して活動を進めていた。

福岡市における九州大会に向け練習を重ねるある日のことだ。練習のために使用する会館等の施設利用願は生徒が作成することになっているのだが、担当になった女子生徒が、記入の要領がつかめずに屋比久を頼ってきた。そのとき屋比久は、嫌な顔ひとつ見せず、一つひとつの記入項目に対して、穏やかな口調で丁寧に助言し、その利用願を完成させる手伝いをしていた。

考えてみれば、このような公的な提出書類は教師が作成する学校も少なくないのではないだろうか。これは教師のすべきことと理解している学校もあるはずだ。そもそも、教師が作成してしまった方が楽である。

屋比久はそれを生徒の一人に担わせていたわけだが、彼女にとっては学びのひとつであったに違いない。公の機関における手続きにともなう書類の作成という、大人の世界の体験である。彼女は自ら考えながらもどうしてもわからない、大人ならではの文章表現の仕方等について、屋比久からアドバイスを受けていた。その様子を見ていると、父が子どもの宿題の様子を見守るようであり、微笑ましさすら感じた。

生徒に苦労させることの意味について屋比久は語っている。苦労させることをあえて探している。それが教育者の役目でもあると。適当なことでは意味がないのであり、中途半端なことを繰り返していても生徒が社会に出て使える力にはならないと彼はいう。

音楽指導での見守り方

このように生徒自身に考えさせること、それも、一定の責任をともない、その責任を果たすために生徒が様々なことを考えることはとても大切なことである。屋比久は音楽的な指導においては叱らない指導者と述べたが、叱らない分、生徒自身が考え、悩む機会を多く与えている。屋比久は「どうして上手く音が鳴らないのだろうねえ」というようなことを生徒に言うこともあるらしい。その際「僕の教え方が悪いのかな」というようなことも言うらしく、「先生、断じてそのようなことはありません。すみません！　私の頑張りがまだ足りないんです」と答えるものの、さすがにこれには、生徒も参るという。

なんとも、微笑ましいやりとりである。自分の大好きな相手に迷惑をかけたくないとする人間の本能をチクリとする屋比久の言葉である。生徒も、神様からそのように言われるからこそ土下座をするほどに謝りたくなるのであろう。

それはそれとして、先に述べたように、屋比久は、生徒が楽器を演奏するうえでの課題を乗り越える際「明日までに、どうしたら良いか考えてこようねえ」などと生徒に告げ、必ず、生徒自身に考えさせ、試行錯誤し創意工夫させることを忘れない。また、「先生も考えておくから」と伝えている。生徒にだけ考えることを押しつけるのではなく「合奏における総責任者である先生も考える、そして当事者である君も考える」という、非常に理にかなった伝え方であることがわかる。

吹奏楽のように、日々、目の前に壁が立ちはだかってはそれを乗り越えていくような営みには、生徒がそれぞれ試行錯誤し創意工夫することが不可欠となるが、生徒が自力でその壁を越えられるとは限らない。特に、楽器演奏はそんなに甘いものではない。確かに、ある程度のことは自分の努力で越えることもできるが、指導者の助言がないとどうにもならないことが多いのも事実である。

忍耐を要する「考えさせる教育」

指導者はただ丁寧に教え続ければ良いのかというと、必ずしもそうではない。最終的に壁を乗り越えるのはやはり、生徒自身であるからだ。生徒は壁を乗り越えるだけでなく、乗り越える過程でえた技能や表現力を本番のステージで使えるほどに自分のものにしておかねばならない。そのためにも、自立的に壁を乗り越えておかなくてはならず、そのように乗り越えることによって初めて自らに備わるものが本物の力となる。そして、その力を維持するための自分なりの工夫の方法が確立でき、万一のときや、いざというときに役に立つ自己修正力が備わる。そのような〈使える力〉をえるためには、生徒はやはり、考えて悩む必要があるだろう。

一般的に、生徒は教師のところに答えを求めにやってくることが多い。そうしたとき教師は、その生徒にとって必要なことをすべて伝えてしまう方がやはり楽である。というのも、教師が相手にする生徒は一人や二人ではないからだ。すべてを伝えてしまえば、少なくとも、その件については一件落着とすることができる。それによって、次の悩める生徒のために自らの思考回路を大きく開けておくことが可能となる。それもまた教師にとって大切なことである。

すべてを伝えるのではなく、生徒が答えに行き着くまでの過程も貴重な学びや経験ととらえ、その学びや経験がより豊かになるために、あえて、一気にすべてを伝えることをやめたとしよう。その場合、生徒一人ひとりに応じて最初に何を伝えるのか、あるいは最初に伝えてはならない点などを吟味し、伝え方を工夫していく方法をとる。これは実に骨の折れることである。

しかし、骨が折れようとも、生徒が答えにたどり着くまでに思いをめぐらし、悩み、考えることが大切であるという信念の下に、答えの欲しい生徒に向かって、まずは「君はどうしたら良いと思うの？」と、たずねるわけだが、答えを求めてきた生徒にとってこれは、教師から意地悪な対応をされたと感じるかもしれない。だが、ここに教育としての譲れないラインがあると考えるのならば、まさに、生徒と教師の真剣勝負となる。

情報高校で実っていた考えさせる教育

情報高校の吹奏楽部では、さすがに、安易な答えを求めに屋比久のところにやってくる生徒はいなかった。屋比久が生徒にひと言をアドバイスするような段階では、すでに生徒もある程度悩み、幾度となく壁を超えるための挑戦を繰り返してきている状態だったのだろう。場合によっては、挫折感や敗北感を、すでに味わっているかもしれない。それでも、時として、伝えるひと言を選び、生徒自身に考えさせる余地を残し、あくまでも自立的な成長を遂げることを信じる指導者の姿勢が必要となる。それこそが、全国のステージに耐えうる自信と逞しさ、そして誇りを生むのではないかと、屋比久と生徒との静かなやりとりから感じたものである。

もっとも、情報高校の場合には、日々基礎練習に徹し、信じられないほどに時間をかけて地道なトレーニングに励んでいたわけで、彼らの乗り越える壁はすでに相当高い次元なのである。例えて言うなら、洗浄した後にクロスでピカピカに磨き上げたクリスタルグラスや食器を、何らかの工夫を凝らしてさらに磨き上げ、今度は、独特の艶や味を醸し出していく、というレベルのことである。この基礎練習については、章をあらためて触れたい。

この吹奏楽部はコンクールバンドにあらず

取材に訪れたある日、情報高校吹奏楽部では穏やかで静かなトレーニングが繰り広げられていた。屋比久の声や言葉はいつも穏やかであって、合奏練習室から聴こえてくるのは生徒の発する音や音楽、そして彼らの礼儀正しい返事である。指揮をしている屋比久が音楽を止めては、静かにひと言アドバイスをし、その後また音楽が鳴りはじめる。しばらくしてまた音楽が鳴りやむと、今度は、屋比久が奏者の一人に質問をする。そうして互いが納得すると、また音楽がはじまるという具合に、合奏練習室は常に音楽で満たされている。考えてみれば、音楽表現のトレーニングとしては理想的な状態といえるのではないだろうか。

叱らずに生徒に考えさせる教育を受けた生徒たちは、全国のステージで駆使することの可能な力をすでに身につけていた。その吹奏楽部について屋比久は「この吹奏楽部はコンクールバンドじゃないよ」と言いきっている。もちろん、コンクールなどどうでもよいと思っているわけではないと思うが、コンクールでの成績にすべてを傾ける吹奏楽部ではないということを意味しているのだろうか。

コンクールは演奏会でもある。聴いてくれている人のために真剣に取り組む。そこで良い成績をとるかどうかではなく、聴いている人々が「良い音楽だな」「綺麗な音だな」「もう一度、聴きたいな」と思うような演奏をめざすこと、ここに最大にして唯一の目的があると屋比久は考えているのだ。先にも触れた通り、九州大会を目前に控えた屋比久の驚くべき自然な姿が、コンクールバンドではないという屋比久の言葉を端的に表しているのではないだろうか。

驚きの自由曲決定の時期

コンクールA部門には課題曲と自由曲がある。屋比久によると、コンクールの課題曲は今年の3年生の個性に合わせてマーチのなかから選ぶこととし、自由曲が決まるのは、生徒がそれを選ぶのを待って、なんと6月の終わり頃だという。とすると、それはコンクールで全国大会をめざすための第一歩となる鹿児島県大会本番の間近ということになる。

そのことを初めて屋比久から聞いたときは、そんな短期間で、高校生が譜読みから曲作りまでをやり遂げることが可能なのかと、正直、信じがたいものがあった。そのための指導を屋比久はどのような方法で実現しているのか。それが興味深いところである。聞けばその方法とは、日常的にプロの音、音楽づくりをめざし、常に基礎基本をしっかりと磨き、一定レベル以上の音をすぐにでも出せるようにしておくというものであった。そのレベルのことを屋比久は〈凝縮している状態〉と言っていた。そのレベルを保ちさらに向上させるために、情報高校では合奏ではなく、個々人の基礎練習の方に圧倒的な時間を割いている。個々人の基礎練習があって初めて高度な合奏に耐えうる技能や、短い期間で自由曲や課題曲を自分たちのものにしてしまう力を身につけることが可能となるわけだ。それを物語るのが、2013年春の浜松での出来事だ。

屋比久が留守にしていても

毎年3月下旬に全日本高等学校選抜吹奏楽大会が浜松で開催されている。2013年、屋比久はその大会直前にスイスのジュネーヴへ出張となり、情報高校の吹奏楽部員とは大会の開催地、浜松で合流することとなったそうだ。コンクール直前の浜松で8日ぶりの再会を喜ぶのも束の間、事前練習がはじまり、早速指揮台に立とうとする屋比久を部長が引きとめる。そして、「先生、まだ、自分たちの思うようにできていません。もう少し待っててください。コーヒーでもお飲みになっていてください」と懇願する。生徒の申し出に納得した屋比久は、席をはずし大好きなコーヒーをすする。そのうちに、「先生、大丈夫です。いらしてください」と声がかかる。

8日ぶりに眺める生徒を前に指揮をはじめた屋比久は生徒たちの演奏に驚いた。「スイスに出発する前より良くなっているよ」屋比久は、生徒たちに偽らざる言葉を贈った。これはお世辞ではなく、本当にすばらしい音であり音楽であったらしい。

この第25回全日本高等学校吹奏楽選抜大会で、情報高校はゴールデン賞の栄誉に輝いている。屋比久のいない8日間、生徒たちはやるべきことを理解し、屋比久の日々の教えを間違いなく実践し、そして、自分たちでも試行錯誤を繰り返し、本番に備えていたのだろう。ひたすら、人々が喜ぶ演奏ができるように。事情を知らない人には指揮者と演奏者が8日ぶりに顔を合わせたばかりだとはわからなかったであろう。状況がどうであれ、やるべきことは徹底してやる。まさに、プロのような音楽への取り組みだ。

「要求は一級でなければならない。それを乗り越えるのが基礎練習である」

屋比久の言葉である。

第4章

屋比久の音楽づくり

基礎・基本の徹底

すでに述べた通り、情報高校での夏休み中の練習日には、一日のほとんどが個々人やセクションごとの練習、いわゆる基礎・基本の練習にあてられていた。夕方17時からの限られた時間のみに合奏を行うのを見たときには驚いた。

生徒は、午前中早くから吹奏楽棟の各室にわかれて一心に楽器を吹いており、打楽器セクションは天気が良ければ外のピロティのような場所で、皆でスティック・コントロール（練習台等で安定してドラムを叩く練習をすること）を行っていた。さらに驚いたのは、その集中力の持続である。当然、サボるとか、サボり気味などという状況の生徒は一切見当たらず、その真剣さは話しかけることすらためらうほどであった。

午前中に情報高校を訪れたことがあった。屋比久は広報部職員としての急用が入り、市内の中学校に出かけていた。自由に生徒の様子を取材してもよいという許可を得ていたので、部員が練習している部屋を回って見ると、いつもと同じように練習に励んでいた。先生がいようがいまいが、個々人すべきことはわかっているようで、ロングトーンや音階の練習は当然、そのほか自分にとって納得のいかないパッセージをわき目もふらずに反復練習していた。

練習風景を見ていて面白いと感じたのは、真剣さのなかにも、どこか柔らかく温かな雰囲気が漂っていることだ。上級生と下級生の関係も独特であり、木管楽器の上級生（兄／姉）のところに下級生（弟／妹）がたずねてきて、あれこれと質問をしていたが、下級生（弟／妹）は過度にへりくだることもなく、また上級生（兄／姉）もまったく威圧的でなく、柔和な表情で自分の経験談や、試行錯誤して上手くいった工夫などを後輩（弟／妹）に伝えていた。仲の良い兄弟姉妹、あるいは親しいご近所さんといった関係を目にした。ほっこりとする、とはこういうことであろう。よい伝統が根づいているなと感心したものだ。

この基礎・基本練習について屋比久は次のように語る。

「（合奏をして）曲の練習ばかりしていると、野球部で言うと毎日試合しているのと同じことになる。試合をしているだけでは駄目。例えば、ピッチャーは自分なりの練習があり、ファーストにはファーストとしてやっておかなければならないことがある。それらがきちんとできていて、はじめて試合での総合力となる。」

「全体のレベルアップとは別に、個々に、まだまだ課題があることにいずれ気づく。そのときにどう乗り越えるか。やはり基礎練習しかない。」

一つひとつの楽器に意味があり、それを担う生徒一人ひとりが十分に時間をかけて自分がすべきことを克服していき、そのことが合奏する際の力となっていく吹奏楽部の原理をついたひと言である。

そうであるから「基礎練習のときにこそ、教師はそこにいなければならない」このように説明していた。基礎練習は、指導者にとり、まさに生徒との一対一の真剣な関わりを意味しているのだ。

すべては音色から

基礎・基本の練習を積み重ねるなかで非常に重きがおかれているのは、やはり音色である。屋比久の創り出す音は大変耳に心地よい。音を形容しようとする場合、それは語る者の主観となるが、奏でられた音が誰にも気持ちよく感じられるという次元ともなると、それは単なる主観ではなく絶対的なものと思わざるをえない。

情報高校の取材では、初めてその演奏に接した時点で、すでに一定の到達点に達してしまっていたので、その変容の過程を確認することは難しかったが、２０１５年春に始動した九州情報大学吹奏楽部の取材では、まさに、この音色へのこだわりをもった練習が実を結んでいく過程を目の当たりにすることができた。それも、ごく短期間でのステップアップがドラマチックに繰り広げられていた。

先に〝音に神経が張り巡らされたかのような繊細さ〟と形容したが、より現実的に言えば、その音は、限界に達しつつも余力を残した心地よい音色とでも言うのだろうか。そのようでありながら、適度な音量は確保されている。繊細とは言っても、その音は痩せ細った貧相なものではない。いつも、人間の耳に優しい範囲で、ふんわりと空中を漂っているかのような音である。九州情報大学は36名（当時、1名病気療養中）という人数とは思えないふくよかな音を、すでにその表現力のなかにもっていたのである。また、先に触れた情報高校の幻想交響曲だが、絶対的な音量で迫るその終結部ですら柔らかな弱音が自然に増幅した音であり「やかましい！」と感じずに済む。屋比久の創り出すその音は弱音、大音量を問わず、常に〈音色〉という語で呼ぶことができるのであり、それは、ひと手間かけられている音だということである。

大学でも基礎、基本

九州情報大学でも、そうした地道な基礎・基本の練習が当然のこととなってきていた。部員がその重要性に心の底から気づきはじめていたのだ。

屋比久はかつて「耳に心地よい一級品の音色を生徒が発せられるようになるためには見本が必要」と述べていたことがあった。要するに、生徒に言葉でいくら説明したところで、「この音ですよ」という音が実際に自分の前で鳴り響かないと、そうした一級品の音色を演奏することはできない、ということである。その点、情報高校の場合には、すでに一定レベルに達している先輩が身近にいて、一級品の音色を目の前で聴くことができたのだ。

２０１５年当時の九州情報大学吹奏楽部の場合、全国からそれぞれ腕に覚えのある者が集まった本格的な大学吹奏楽部とはいえ、屋比久のいう「見本」が情報高校のように身近にいたわけではない。屋比久を慕って、後を追うように数人の情報高校ＯＢ、ＯＧが九州情報大学吹奏楽部に入部してきており、彼らが「見本」となったことは容易に想像できるが、全体のなかでの比率で言えばやはり少なく、苦労があったことだろう。だが、それでも大学生は見事にその音を変えはじめている。

そのきっかけとなるのはやはり、屋比久の言葉である。

「指ＯＫ、音楽のつくりＯＫ、音ダメ。これでは音楽ではない。ここを頑張るんだよ。目が開いていない音はお客さんに届かないよ」

目が開いていない音とは意味をもたない音＝音色をもたない音ということであろう。音に意味をもたせるという意味では次のような彼の言葉もある。

「顔が変わらんと、音も変わらんよ。緊張した顔が緊張した音をつくるもの」

このような、イメージを音に込めるような言い方もすれば、技能的な助言も行うのが屋比久である。しかも、やはりその例え方が非常にわかりやすい。以下はトランペットに対する助言である。

「ハイCはコツをつかむことだよ。（その音が）出たら力を抜く。力まかせに吹く地声のような音は結局使えないんだ。だからと言って、力を抜きすぎて裏声のようになっては駄目だよ。クラリネットのハイトーンのようなトランペットの音を創り出すんだよ」

情報高校の生徒に話を聞いた際、「屋比久先生の指導に触れていくと、自分の中学時代は何を練習していたんだろう？　と思うこともあった」と言う生徒がいた。要するに意識変革である。面白いことに、同じことを九州情報大学の学生からも耳にする。「自分は高校時代、何を練習していたのか？　と思う」と。

この意識変化でめざすものは、ただひとつ〈心地よい音色〉であり、その獲得のために基礎練習があると知る。その方法も屋比久から示される。そして、信じて取り組んだ個々人が、それぞれのペー

基礎練習が続く

スに違いがあっても、いずれ「これか?」「この音だ!」という、それまでに知らなかった音色に出合う。そして、その音が合奏のなかに増えてくると全体の音も変わりはじめたことを実感する。そして、「こういうことだったのか!」という確信となり、「もう以前の自分には戻れない」と一人ひとりが自覚する。という案外シンプルなことなのである。

リップスラーを制する者、金管を制する

音色づくりのために九州情報大学の金管セクションが取り組んでいるのがリップスラー(楽器を吹くとき、なめらかに別の音に移動していくこと)とタンギング(音を連続させず、

ロングトーンを聴きながら指導する屋比久

一音一音発すること）である。そのために、気の遠くなるような練習をしている。当然、高校時代に同じ取り組みをしていたかもしれないが、合奏時間の合間やその他の時間を削り、これらの練習に、事実上ほぼ丸一日を費やし、屋比久の要求する音色になるよう励むのである。

金管楽器の場合、特に「リップスラーを制する者が金管を制す」と屋比久は言いきる。ちなみに情報高校では、このセクションの部員は皆、マウスピースに15センチから20センチの長さのゴムホースを取りつけて、それでリップスラーの練習を繰り返している。これは屋比久によると「力を入れないで音を出すのによい方法」なのだそうだ。なるほど、これなら力むことなく練習ができそうだ。

常に上昇する要求

屋比久の要求は常に上がっていく。生徒・学生の音が例えば80点になったとしたら、次が85点というように。ただこの場合、85点に上げるにはどうすべきかの具体策を示すことが大切だと語る。

そのようにして、誰もが耳に心地よい合奏を実現していく。メンバーの誰か一人が耳障りな音を発すれば、それだけで質が劣ってしまうのが合奏であり、思った以上に一人ひとりの音色がものを言うのである。このことを屋比久はこんな風に説明する。「蒸留水に小石を入れると小石がどこにあるかすぐにわかる。でも濁った水に小石を入れてもどこにあるかわからない。蒸留水のように、ちょっと音づくりのミスをしてもわかるバンドにしておくことが大切」と。結果的に、一人ひとりの基礎力の向上による総合力の実現ということになろうか。その実現のためには、基礎的な力として、やはり心地よい音色が重要ということになる。

屋比久は「例えば、ピンク色の色を出したいとする。だが、赤色を強めるのか、白色を強めるのかピンク色と言えども無限に調合は存在する」という。しかし、赤○%、白○%で調合しようとしても、調合するもととなる赤色がきちんと赤色で、白色もきちんと白色でなければ望むピンク色にはならない。これは、もととなるそれぞれの楽器の音色が定まっていなければ、合奏という調合をしたときに、望む音にすることなどとてもできないことを意味しているのであり、屋比久の思い描く音色とはこういうレベルなのである。彼が音色としてめざすものは決まっており、そして、心地よさを欠いては何も得られないのである。

彼は面白いことを語っている。

「ラーメンを食べていて、なんとなくそのスープに肉を感じる。それは良い。ただ、最初から肉がわかるのは良くない」

この意味については、また別の視点から後に触れたい。

音色とチューニング

そのこだわりの音色、音によって初めて定まるものがチューニングのできだと屋比久はいう。「良い音は、はまりやすい。良い音をつくるとチューニングでもピタッと合う」ということである。さらに、「カレーライスも、ジャガイモやニンジンなどの素材が悪ければまずいもの。だから、合奏でも一つひとつの音を素材として良いものにしておくのが大事。仮に、素材が良ければ、コックが少々悪くてもなんとかなってしまうもの」などと、彼の著書『普通の子どもたちをできる子にする　怒らない教え方』（角川書店刊）に綴られている。

その素材となるべく、屋比久の期待に応えようとする九州情報大学の学生たち、後にあらためて触れるが、コンクールを翌日に控えた練習でしていることと言えば、やはり、寸暇を惜しんでの基礎練習で、音色やピッチを確認し合っていた。音楽の世界に身を置く私でさえ、気をつけて聴いていないと気づかないような次元のことを指摘し合って、妥協のない分奏を繰り返していた。

このことは情報高校でのコンクール（九州大会）本番直前の楽屋練習でもまったく同じであった。管楽器セクションの7～8名は、ペアになりお互い向き合って、朝顔を向き合わせてのロングトーンで、音色やピッチをとことん確認していた。

この間、屋比久は部屋の片隅に置かれていたソファにゆったりと腰をおろし、その様子を遠くから眺めている。そして、どの出場校にも等しく与えられた練習時間の本当に最後の方でようやく立ち上がり、「課題曲の出だしをやってみよう」と声をかける。部屋に散在していた生徒が素早くそれに反応して集まり演奏がはじまる。それも長くは続かずに、「はい、先ほどの続きをやって」

となり、再び、生徒たちは数人ずつ集まって音を確認し合ったり、生徒によっては難しいパッセージを練習したりと、自分のすべきことを時間内にきっちりとおさえている。屋比久は、再び、ソファでくつろぐように練習を見つめ続ける。

屋比久が言い続ける「生きたリズムにするには、ちょっとした合図、呼吸、間、きっかけ、休符のとり方を感じとり合うこと」「出だしを揃えるだけでなくお尻も揃える」「同じ音を出している人の動きに注目する。その抑揚、長さ、音色を感じとる」これらのことを彼らは確かめ合っているに違いない。

屋比久流に育てあげられた生徒たちは、リーダー格の生徒の指示により見事なまでの自治的活動を繰り広げ、1分1秒たりとも無駄にすることなく自分たちが何より大切にしてきた音色の確認を続けていた。

心地よいフレーズ感と音量

情報高校の演奏をCD等で聴いているとすぐに気づくことがある。それは、フレーズ感がとても気持ちよいことである。例えばの話だが、まずAというメロディが奏でられ、それがディミヌエンドとともにすっと静かに鳴りやみ、続いて、ほんの少し間をおいてBのメロディがはじまる。そして、そのAとBとで、ひとつのフレーズを形づくっている音楽があったとする。

そのような部分において、屋比久率いる情報高校の演奏では、Aのメロディの演奏の終わりを受けて、まったく違和感なくBのメロディがはじめられている。第2章で述べた自然で奇をてらうことのない音楽とは、まさに、このことである。

そのように感じとれる理由のひとつに音量への気配りがある。Aメロディが消え入るように聴こえなくなると、BメロディがAメロディの最後の音量を覚えているかのように、違和感なく、すぅっと耳に入り込むように鳴ってくる。だから、Bメロディのはじまりがフメロディの終わりに対して不用意に強くなるようなことは決してない。あるとすれば、後で述べるように、それは意図的な場合のみだ。もちろん、BメロディがAメロディに対して不自然に弱まることもない。Aメロディが消えたその雰囲気をそのままにBメロディが続く演奏でもって、自然なフレーズを創り上げている。

聴いている者にとっては、それがとても心地よく、Aのメロディの演奏の終わり方がBメロディを自然と引き出す、あるいは、Bメロディの雰囲気を予感させるかのよ

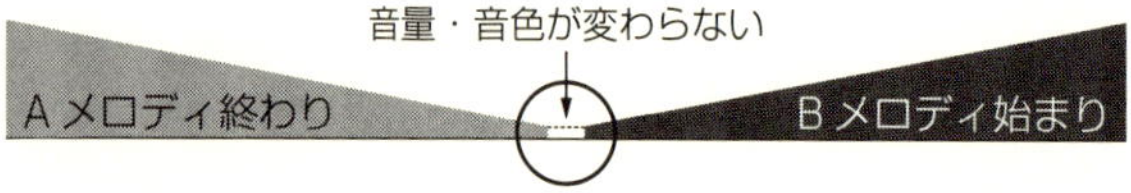

うな音楽になっており驚嘆させられる。

心地よいフレーズ感と音色

驚くのはそれだけではない。彼らは、音量ばかりでなく、Aメロディが終わり、小ブレスほどの間をとって続くBメロディの冒頭に、Aメロディの終わりの音色と違和感のない音色をまとわせているのである。吹奏楽であるから当然、AメロディとBメロディとでは楽器が変わることも多いのだが、それでも、Aメロディの雰囲気を受け継ぐようにBメロディとは異なる楽器群がその音色を自然に、また巧みに受け継いで奏でていく。

音楽ではワンフレーズがAとBのふたつのメロディとは限らない。より多くのメロディでひとつのフレーズを形成しているような場合には、屋比久流のフレーズ感はより生きてくる。聴衆は、音楽をより大きく、雄大に感じとることができるのだ。

情報高校での驚きの結実

このAメロディとBメロディを結ぶ音量と音色のすばらしさ。これはすごいことである。この屋比久流のフレーズ感の効果とそれを実現する難しさは吹奏楽に限ったことではない。例えば、声楽のソロやピアノ独奏でやってみてもかなり難しい。もちろん、ひとつのフレーズのなかのAメロディに対してBメロディを唐突に強めて、それを楽曲表現上のインパクトにすることもないわけではない。特に、声楽の場合には、そこに述べられている歌詞の意味合いを強調するために、その部分をあえて強めることで、作曲者の意図を伝えようとすることはある。

　音楽はその演奏表現にも意外と法則性があって、フレーズの表現方法の定理のようなものがある。リズムで言えば、例えば3拍子における付点四分音符、八分音符、四分音符のような並びがあったとすると、その中央の八分音符が音量として飛び出ることが一切なく、いわゆるアーティキュレーションの基本が崩れることはまったくない。特に、弱拍に当たる音が高く跳躍しているような場合、演奏テクニックがないとその音量は、得てして強く飛び出しがちになる。しかし、情報高校では、そのような演奏に出合うことはなかった。

　こうした難易度の高い表現を、高校生が当然のことのようにやり遂げているわけで、

♩.　♪ ♩
　　△
飛び出しがち

まさに先ほどの「生きたリズムにするには、ちょっとした合図、呼吸、間、きっかけ、休符のとり方を感じとり合うこと」「出だしを揃えるだけでなくお尻も揃える」「同じ音を出している人の動きに注目する。その抑揚、長さ、音色を感じとる」が音楽表現において結実していることを実感し、私はなお一層の驚きを禁じ得なかった。

心地よいフレーズ感は基本中の基本

こうした音楽表現について、情報高校の生徒(取材時)や記念コンサートに集まったOBやOGの方々にたずねてみたことがある。「あのような演奏になるための指導を屋比久先生が行っているのか? あるいは、例えば、屋比久先生の指揮を見ていると自然とそのようになるのか?」「それとも、屋比久先生の教えを長いこと受けてきているうちに、自然とそのようになるものなのか?」このようにたずねてみたが、答えはわかれた。

その結果に興味を惹かれつつ、屋比久本人に確認すると、「それが私の音楽づくりの基本中の基本であり、最も大切にしていることのひとつであって、私はそれを『音楽の橋渡し』と呼んでいる」と嬉しそうに語っていた。様々な指導の方法によって、その心地よいフレーズ感を創造しているということだ。

「情報高校の演奏は自然と流れ入るように耳に届いてくる」このような感想をよく耳にした。そして、それはその通りだと思う。以下は、まさしく私の主観であることをお断りしておく。例えば、先の小澤がウィーン・フィルハーモニー管弦楽団と奏でたドヴォルザークの第８番交響曲(PHILIPS PHCP-5179)の第1楽章冒頭、そして、朝比奈が大阪フィルと奏でたブルックナーの第８番交響曲のあの10小節部分を聴いて頂ければ感じられることと思う。そこでは音楽が心地よく自然に流れ続け、唐突な音量の差にドキリとすることも、予想外の音色にハッとさせられることもない。この自然な音楽の流れという点で情報高校の演奏はウィーン・フィルや大阪フィルのものと同じなのである。

もちろん、全国の高校吹奏楽の演奏をすべて聴いているわけではないので、それを情報高校に特有のことと言いきることはできないが、強弱の次元ではなく、音色や雰囲気を音楽の流れのなかでここまで自然に橋渡しをしていけるということは、卓抜した表現力をもっているということに変わりはない。それは、西洋音楽での音楽づくりの基礎基本に忠実ということである。

それから後、２０１５年8月末に九州情報大学の演奏を聴いたとき、彼らの演奏から、ここで述べた心地よいフレーズ感を確実に聴き取ることができた。それは単なる偶然の産物などではなく、意図的な修練によって、すでに彼らの身についているものだとわかった。

この事実は、屋比久のDNAがより多くの若者に引き継がれているということであり、嬉しい限りである。全国各地から集《つど》ってきている彼らがいつか、郷里であれどこであれ、そこでまた、この音楽づくりの基本を伝えていってくれることを願わずにはいられない。

第5章

九州情報大学の挑戦と実り

2015年4月　活動の本格的スタート

九州情報大学吹奏楽部のスタートが2014年であることは、すでに述べた通りであるが、音楽監督・屋比久就任の周知が間に合わなかったのか、吹奏楽部は女子学生3名での活動開始となった。3人だけでは合奏はできないものの、彼女らと屋比久、中山教授とで部の未来をゆっくり語り合ったり、音楽談義に花を咲かせたりというような穏やかな日々があったようだ。太宰府の丘の上では、これまでの屋比久の吹奏楽指導者生活からは考えられない緩やかな時の流れがあったことが吹奏楽部のSNSで確認できる。

足しげく、近くの竈門《かまど》神社に通い、手を合わせた3名の願いも通じてか、2015年4月からは33名の新1年生を迎え、総勢36名となった。そのすべてが、当然、屋比久の存在に引き寄せられた面々であろう。特に屋比久を直接知る者はその指導力、音楽性、人柄を慕い、「ここで学ぶ!」と決めた、そんな若者たちばかりである。個々に話を聞くと「なんといっても、屋比久先生のご指導を受けたくて」「大学に進んで屋比久先生のご指導を受けられるなんて、思ってもみなかった」というような、屋比久の指導への強い憧れや期待を語る。

思いがけず、屋比久の大学職への就任と自身の大学進学のタイミングが重なった学生は実に幸

合奏練習室での全員練習

運であった。運命的な出会いが叶ったというべきだろうか。全国各地からこの吹奏楽部を選んで福岡へやって来たことにも驚くが、鹿児島へ、福岡へと、ずっと屋比久を慕い続けてその指導を受け続けることを決めた学生も何人かいることにはさらに驚いた。

九州情報大学では鉄筋4階建ての校舎の4階ほぼすべてを吹奏楽部のために使用している。吸音設備の施された合奏練習室を用意し、必要な楽器もすべて揃えられている。学生は、この棟の部屋を自由に使い、木管、金管、低音系というようにセクションごとの練習にも不都合なく活動を行っている。特に、屋比久の下では個人やセクションごとの基礎練習に

吹奏楽部練習室が入る校舎

割く時間が圧倒的に多いので、この施設・設備は彼らにとってありがたいことだろう。

ようやく、ここに吹奏楽部あり！　と誰にもわかる楽器の音がキャンパス内にふんだんに鳴りはじめた2015年4月、合奏練習室に私は初めて足を踏み入れた。すると、大学生なので当たり前なのだが、私服のうえに、髪の色も様々な学生たちが個人練習を行っていた。彼らは練習中にもかかわらず、快く私を迎えてくれた。学生はそれぞれ授業の有無が異なることもあり、授業のある者とない者とが学内に混在している。そこが高校までとは異なる大学での学校生活で、いわゆる空き時間の過ごし方は学生それぞれの自由だ。いったん、自宅に帰ることもできるし、長い空き時間があれば、そこに短時間のアルバイトを入れることも可能だ。吹奏楽部員は、大学ならではのその空き時間をそれぞれ個人練習にあてていた。個人練習にあてることができる時間枠が十分にあるということから、「もしかしたら、これはすごいことになるかもしれない」という期待と予想を、私はそのときすでに抱いていた。太宰府の丘の上では平日にもかかわらず、思いの外早い時間から楽器の音が鳴り響いているのだから。

2015年夏　福岡県大会を抜けて九州大会へ

そのすごいことは現実となった。それも予想以上に早く。

九州情報大学吹奏楽部は4月に本格的なスタートをきってから、わずか4か月で全日本吹奏楽連盟の福岡県大会にチャレンジするまでになっていた。そこに至るまでには、幾多の試練や紆余曲折があったようだが、それについては、後でまた触れることとし、何はともあれ、彼らは福岡工業大学吹奏楽部、福岡教育大学吹奏楽部など、名門ひしめき合うコンクールに名乗りを上げた。それがどれほど勇気のいることであっただろうか、その年の春先には、まだ形もできていなかった吹奏楽部が、強豪校と肩を並べて福岡県大会のステージに立つのである。

屋比久が初めて手がける大学吹奏楽部だ。話題性としては十分だっただろう。どのような音なのだろう？　どのような演奏なのだろう？　人々の関心が集まって当然である。ところが、九州情報大学吹奏楽部は、人々のその関心や話題性という次元にとどまることはなかった。短期間で身につけたその実力を見事に発揮し、なんと福岡県大会では九州大会への出場権をつかむこととなってしまった。しかも36名という人数で、それを成し遂げてしまったのだ。

福岡に訪れるたびに、洗練され上質になっていく彼らの音を聴きながら「あれあれ？　もしかしたら、本当に福岡県大会を抜けるかも？」という予感は強まっていったものの、吹奏楽コンクールはそんなに甘いものではない。考えてみれば、九州情報大学吹奏楽部の練習量が特別なわけではなく、大学という意味では、どの大学も大学ならではの時間枠や練習量が確保できるはずだ。そうなると、練習の質が問われることになるが、その質が実を結んだとしても、コンクール本番では何が起こるかわからない。「コンクールには魔物が潜んでいる」と言われるゆえんだ。

それでもやっぱり基礎練習

その魔物にも打ち勝ち、九州大会に進むことになった彼らだが、その後もやはり、いつもと変

ホール練習での貴重な合奏練習

わらぬ基礎練習の繰り返しで、言ってみれば特別なことは何もしていない。さらに興味深いこともある。彼らはホール練習を、太宰府市中央公民館の市民ホールを借りて行っている。全員がステージで合奏をするための隊形となるが、そこでも基本におかれているのは基礎練習だという点である。一日の大半はステージ上でのセクション練習、舞台袖や裏での個人練習であり、大学での練習とさほど変わらない。練習場所がホールに変わっただけということでしかない。

せっかく丸一日ホールを借りていながら、屋比久がステージ上の指揮台に立つのは一日のうち一時間もない。合奏練習の時間が非常

ホールステージ上でもパート練習

に短かったと先に述べた状況と同じで、屋比久が指揮台に立つ時間はとても貴重な時間となってくる。そこでは一日の一人ひとりの練習の結果を、合奏を通して確認しているようで、部員にとっても屋比久にとっても、合奏練習の時間はとても真剣な時間となる。

明日は九州大会という日の太宰府市中央公民館での練習、私は客席で彼らの奏でる音楽を聴いていた。「よくぞ短期間でここまで来たものだ」と感心するほかなかった。２０１５年の全国大会大学の部は北海道旭川市での開催だった。練習終了後、「北海道に行けるよ、この音楽は」と自らの感想を部長に告げると「そのつもりです。北海道に行きます！」という心

ステージ袖でパート練習

強い返答があった。その自信は、「やることはやってきている」「我々の音は変わった。音楽は変わった」という実感からくるものであったろう。その自信を裏づけるように、全国大会に出場してもおかしくない音、純度の高い、心地よい音楽が太宰府市中央公民館に鳴り響いていた。

2015年　九州大会での健闘

結果として九州大会で、九州情報大学吹奏楽部は残念ながら全国大会行きを逃してしまった。だが、金賞は獲得している（金賞のなかでも全国大会に進める学校と進めない学校がある）。それは、多方面から驚きをもって受け止められる一大事でもあった。本格的な活動スタートからわずか4か月での結果とすれば、まさに全国大会行き以上の金賞、金星ではなかったたか。

九州大会当日の演奏を私は残念ながら聴くことができなかったが、前日に太宰府市中央公民館で演奏を聴くことができた。あのままの音楽が奏でられていたのなら、聴衆のなかに、心揺り動かされ、あるいは彼らの音や音楽がその心に沁みた人は少なくなかったはずであり、その事実こそ、彼らが誇るべきものだと私は思う。音楽のもつ不思議な力を聴く者が実感してこそ、そこに鳴り響いていたものは「音楽だ」と言えると思うからだ。

その後、彼らはさらに力をつけて、上質で上品な音楽を奏でるようになっていく。私がその夏に接した彼らの音楽はやはり忘れようにも忘れられない。それはひとつの衝撃的な思い出となり、いつでも、私の心のうちに再現することができる。彼らの音と音楽に心をつかまれてしまった者が、少なくともここに一人いる。

我々はコンクールをめざすのか?

吹奏楽部スタート4か月目で九州大会金賞受賞という結果を生み出した彼らであるが、その4

か月間には様々な困難があり、彼らの心情は揺れ動いたようである。あるときは深刻な事態となり、部がふたつに割れてしまったという。それは「我々はコンクールをめざすのかどうか」という議論で、ある意味での闘いでもあったようである。

まだ方向性が定まらなかった頃、放課後の練習に全員が集まらないことも少なくなく、一定の時間を過ぎて「帰って良いよ」と言うと10名程しか残らない日もあったという。その現実のなかで、「我々はコンクールをめざすのか」という、それまであいまいとしていたことを明確に決めなくてはならない時期が来た。スタート数か月でコンクールに出るのか、今年は出ないのか。生活や考え方、生き方も異なり、自らのしっかりした考えをもつようになってくる年代の大学生ならではの意見の交わし合いであったという。この議論は、普段の活動をどの程度までつきつめるのかという問題にも直接関わることになったようだ。コンクール出場を決め、休日にも練習をすると決めれば「アルバイトはどうするの?」という学生ならではの問題にも直面することになる。この議論のなかで疲れ、傷ついた学生もいたはずである。仮に、出場をめざすにしても、「こんなレベルでコンクールで演奏するのは恥ずかしい」と切実に思う学生もいたことだろう。

叱らない教育による意識改革

そんなとき、屋比久はコンクール出場の意義をこう語ったという。「コンクールは勝負ではない。でも、出場しないと世の中に認められない。例えば、町の人も、いつまでも君たちの存在を知らない」と。彼ならではのわかりやすい言い方でコンクール出場の意味を説き、さらに、彼らが大学生であるからこそ先にも紹介した「適当は意味がない。社会では通用しない」というひと言を伝えたという。そして「僕も、可能な限り君たちのために頑張るから」と。

大学に行っても屋比久のいわゆる「叱らない教育」が変わることはなかった。それが結果的に功を奏したと言えるのではないだろうか。屋比久は学生を強烈にコントロールして自分の意見を押しつけることはしなかった。双方の思いや意見に耳を傾けつつも、最終的に学生自らが「コンクール出場」を決めるという結果を導き出したのである。助言を繰り返しながらの見守りや、距離をおいての支援というものが屋比久ならではのやり方であり、学生の年齢を考えると、私もそれが最善だと思う。屋比久は時々「大学生だから、そう強制はできんですよ」と口にする。その陰には当然、共に吹奏楽部を率いる中山教授のご苦労もあったはずだ。

こうした経緯を経て、九州情報大学吹奏楽部はコンクールめざして進むことを皆で決めた。歴史にその名を刻む方向に舵をきり、その時点ではまだなかった道、まさに道なき道を歩みはじめたのだ。

コンクール初出場の実り

学生の決定が異なっていたら、どうなっていたのか。それでも九州情報大学吹奏楽部の音や音楽は人の心を惹きつけるものになっただろう。しかし、コンクール出場とそこで得られる成果は、コンクール出場なしではたどりつけないであろう意識を彼ら自身のうちにもたらすことになる。福岡県大会や九州大会で彼らが受けた喝采は、自分たちのしてきたこと、選んだ道が間違ってはいなかったと、見ず知らずの大勢の観客が率直に教えてくれるのであり、彼らはそれを肌で感じたことだろう。

屋比久は、鹿児島であろうが福岡であろうが「コンクールバンドをつくろうとは思わない」と言いきるが、その思いを誤解せずに受け止めることが重要である。音楽表現では次元の高いもの、上質なものを常に求める感性が必要だ。彼らにとっては、音楽表現に対する感性を音楽で叶えることに意味がある。

それを可能とするために技能が不可欠となる。さらに、その技能と感性を他者が認めてくれてこそ、感性豊かな音楽表現はゆるぎないものになる。音楽表現者として音楽にその身を捧げてその道を生きる者が、最もその心を満たし幸せを実感する場のひとつがコンクールのステージであり、〝耳の肥えた〟聴衆との〝言葉にならない音楽を通じた感動の共有〟こそがコンクール出場の意味であると考えるのなら、コンクールに出場するということが大きな意味をもっている。上質な音楽に向かわざるを得ない環境をつくり、切磋琢磨することに意義を見いだすということだ。これは先の屋比久の語るコンクール出場の意義そのものである。屋比久は次のように語った。「県大会に向けて、まず頑張る」「県大会を抜けたら、それに満足できなくなって、地区大会に向けてもっと頑張る。事実上ここがピークになる」「地区大会を抜けたら、全国大会はメンバーへのプレゼント。それでよい(結果は関係ない)」

コンクールでの金賞や銀賞は、音楽表現を介しての表現者、聴衆の幸福感や満足感とは次元の異なる、まさにコンクールの結果に他ならない。音楽や音楽表現が権威あるコンクールにおいて序列化されることは、重い結果、事実、現実ではあるが、それがステージで奏でられた音楽そのものを価値づけているわけではない。

そう考えると、屋比久の「コンクールバンドをつくらない」とする宣言、「全国大会はプレゼント」

という言葉は、私に大きな安心感をもたらしてくれる。これからも屋比久は、あくまでも上質な感性とそれが現実のものとなって、流れては消えてゆく音楽を創り続けるのだろう。そしてまた、音楽を聴く者の幸せと、その幸せに共感する表現者の幸せを求め続ける、真の音楽家であり続けるのだろう。その屋比久の思いを受けて、これからも九州情報大学吹奏楽部は基礎練習に励み、品のある音楽を人々に聴かせ続けてくれるに違いない。

九州情報大学の挑戦の意味するもの

2015年夏、楽器店の書籍売り場で大変興味深い本を見つけた。

その本『ハーバード大学は音楽で人を育てる』（菅野恵理子著　アルテスパブリッシング）には、アメリカにおいては一流大学の教育課程に音楽が教養教育として位置づけられていること、ハーバード大学の教育課程では年間1000人以上の学生が学んでいること等が綴られている。

その目的は音楽家を育成することではなく、あくまでも教養教育である。人が生涯を生き抜くうえで、音楽がいかに重要で、とりわけ、人としての人らしい生き方にどのように力となるのか。それらを見通した確信に基づく教育がアメリカでは行われている。「情報系大学であるからこそ学内に音楽を」とする現学長の理想が具現化された結果、太宰府の丘の上では朝から夕まで音楽が日々鳴り響いている。吹奏楽部の活動が本格化してからの大学の変化を大学教職員、現役学生はどのように受け止めているのだろうか。

学内での聞き取り

大学からの許可を得て、私は学内の様々な人に「吹奏楽部についてどう感じているか」ということを聞き取りしてみた。

「学内が静かになりはじめる頃に吹奏楽部の音が鳴りはじめるので、かなりインパクトがある。大学にとってプラスかマイナスかと問われればプラスだと思う」（教員）

「自分の授業を履修している学生のなかに吹奏楽部員がいて、屋比久先生のすばらしさを熱く語ってくることがある。学生の頑張りもあるので演奏会等は可能な限り聴くことにしている。音楽を聴くこと自体、あまり馴染みのない自分だが、屋比久先生と学生の奏でる音や音楽の温かみ、包み込むような優しさに思わず引き込まれ、題名も

わからない音楽であるのにすっと耳に入り込んでくる。音楽を聴くことが初めて苦痛ではなかった」（教員）

「本学はサークル活動が活発とは言えないが相撲部や陸上部という名門がある。そこに吹奏楽部が加わることは大賛成である。夕方の5時くらいからみんなで練習している音が聴こえはじめるが、部活動の様子がキャンパス内に音で伝わるので一生懸命に頑張っていることがすぐにわかる。吹奏楽の残している成績にも驚いている」（職員）

「図書館は遅くまで開いているが、夕方になると学内が静かになってくる。そこに聴こえてくるのが吹奏楽部の音で、仕事をしていても、ついついそれを聴いてしまう。大変に癒しとなっている」（職員）

「意志をもって集まっている学生が学内に多くいてくれることの意味がとても大きい。学生の意識が高いので活気もあり、大変、望ましい」（職員）

「学生が増え、なかでも女子学生が増えたことで学内が華やいで活気づいていることを大変に喜ばしく思う」（職員）

「式典の奏楽が吹奏楽部に変わったが、その音に驚き、心の底から感動した。次元が

まったく異なり、本学式典での奏楽が誇らしく思える」（職員）
「いつも練習を楽しみにしている。清掃をしながら聴いている。この大学で長いこと清掃に従事しているが、最近学生が増えたことも嬉しいが、吹奏楽部の学生さんは、特に挨拶などがしっかりしていて礼儀正しいと感じる」（常駐清掃職員）
「毎日の仕事に楽しみが生じている。この曲は知っている！とか馴染みの曲が流れてくると楽しい」（常駐清掃職員）
「入学式には驚いた。突然、吹奏楽の音が鳴り響き、その生の音に「おぉ！」となり、大変感動してしまった」（学生　1年生）
「自分は他のサークルであるが、吹奏楽部の音が鳴っていると『頑張っているな。こちらも負けてはいられないぞ！』と励みになる」（学生）
「吹奏楽部の活躍が自分たちの刺激になる」（学生）
「自分は体育会系であるが、努力のすごさや、日々の頑張りがわかる（自分も頑張っている者として）」（学生）
「誇らしい」（学生）

「大学の宣伝になる」（学生）

「実は、自分は音楽大学を経てから目的をもって本学に進学している。自分の夢に一歩ずつ近づいている。吹奏楽部の存在は思いもよらなかったが、その音は大変心地よく、自然に受け入れている」（学生）

挙げているものは同様のものをまとめているので必ずしも、その場で語っていただいたこと、そのものではない。いずれにしても、聞き取りに応じてくださった教職員、学生のほとんどが吹奏楽部の活動を好意的に受け止めている。私は聞き取りに応じてくれた方々に現段階における九州情報大学吹奏楽部の実力を客観的に説明したが、それを聞いた全員が想像以上に吹奏楽の世界ですでに高い評価を得ていることに驚いていた。

これらに加えて「屋比久先生のお人柄に救われている。いつもお声がけくださり、温かな雰囲気をもたらしてくださる」（職員）というように屋比久本人に向けられたコメントもあり、九州情報大学の挑戦が良い方向に実りつつあることを実感した。

九州情報大学の挑戦と実りから

職員のコメントにあったように、２０１６年3月、九州情報大学学位記授与式では、それまでのピアノ伴奏から、初めて吹奏楽部が国歌等の伴奏を担った。私はその練習の場に居合わせたが、心のこもった大変優しい『君が代』であり、かつて、このような国歌を聴いたことがないように思えるほどのものであった。屋比久にかかると国歌もこのような曲想になるのだと、うっとりと聴き惚れた。今後、九州情報大学ではこのような式典のたびに、すでに全国から注目の的となっている吹奏楽部の音が響き渡り、その奏楽が晴れの日に花を添えるのである。

先ほどの新入生や職員のみならず、昨年までの式を想定していた学生や教職員、そして来賓諸氏は２０１６年の卒業式、入学式にはたいそう驚いたようで、それぞれ感激し、口々に吹奏楽部のすばらしさ、あるいは吹奏楽部が自分の大学にある喜びを語っていたという。

これは紹介したコメントの通りである。

日本の大学はいま、大きな困難に立ち向かおうとしている。18歳人口が減少を続けるなか大学開設と学部等新設が繰り返され、募集枠の拡大と入学者人口減という矛盾が生じている。そのため、多くの大学では学生の募集に関心をおく。特に、地方においては地元の大学に進学せずに都会へ若者が流出するという現実も加わり、大学の存立を脅かすような危機的な状況も報告されている。

九州情報大学の地元の太宰府でも、学問の神、菅原道真が天満宮に祀られているだけあっていくつもの大学があり、太宰府駅前からは九州情報大学の外にも他大学のスクールバスが運行されている。通学のピーク時には学生が行列をなし、それだけで地元に活気をもたらす情景となっている。当然、福岡市とその周辺に目を転ずると、こんなにあるのか！　と思えるほどに、実に多数の大学、短期大学が点在していて、首都圏でも珍しいような大規模なキャンパスを構える大学も少なくない。

そうなると、それぞれの経営に関心が向かざるをえない。現代においては安定した大学経営が可能なのは、首都圏サイズの大都市圏の大規模な総合大学くらいのものであるとも言われているらしい。それに従えば、福岡都市圏の大学経営についても厳しい一面があるのではと察せられる。

そのようななか、屋比久を迎えた九州情報大学は、数十名の学生増を実現している。決して少ない数ではない。昨今、これだけの学生を一気に増やすことの難しさはどの大学もわかっているはずだ。そのため、大変参考にすべき、羨ましい成功事例のひとつととらえられても当然である。

九州情報大学では、学生増という経営面でのプラス要因に加えて、吹奏楽部による大学そのもの

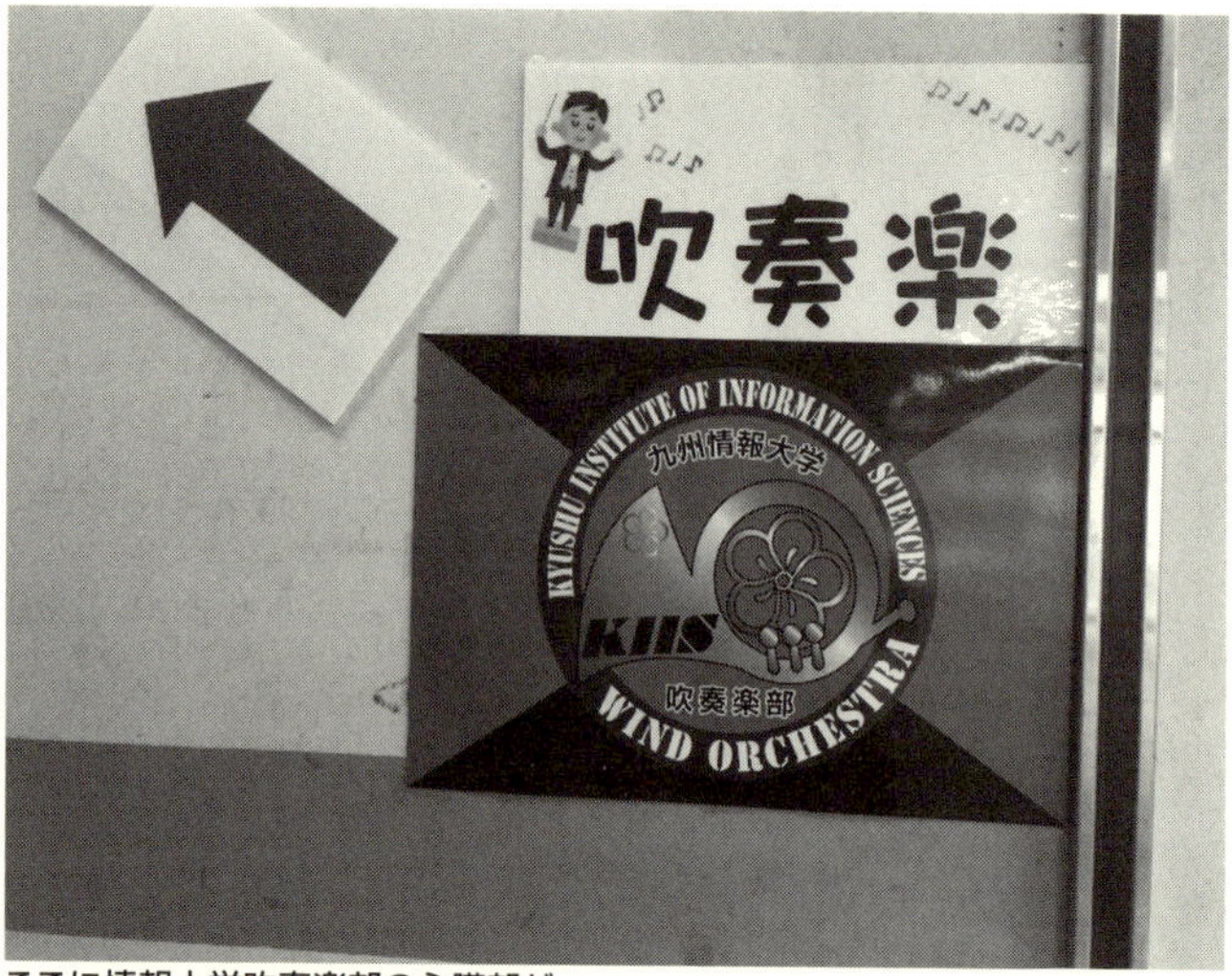

ここに情報大学吹奏楽部の心臓部が

の宣伝効果もあるだろう。そして何より、先ほど述べた学内の意識の変化、期待度の向上にこそ、大きな意味があったのではないだろうか。

九州情報大学の挑戦は、ハーバード大学に見る教育理念からすれば、度肝を抜くような革新的なものでもないかもしれない。しかし、この日本において、経営情報系大学において、キャンパス内に吹奏楽を鳴り響かせることの意味や、それがもたらす様々な効果については、やはり理事長の英断が導いたものとして、見た目以上に大きく、計り知れない実りを示していると言えるだろう。

第6章　屋比久と大学教育　その意味

屋比久の理想とする音と音楽

屋比久から「自分の理想のものが初めて叶うような気がしてきた。そしてそれは近いうちに現実のものになりそうだ」と聞いたことがある。そのときは、とてもリラックスしていて、他にも様々なことを語ってくれた。ゆったりとした時間の流れる場所だったからだろうか。

その数日前、太宰府駅前を歩行中の屋比久はなんと、自動車にはねられ病院に救急搬送されていた。一時は、意識を失い深刻な状態だったという。

太宰府訪問の前日に屋比久に連絡を入れると「明日は大学に行きませんよ。交通事故に遭って療養中なので」と本人の口から事故の件を聞かされ、私は絶句した。もちろん、怪我の具合や体調などが気にかかって、すぐに我に返った。

「どこの病院ですか？　明日、そこに参りますので」と慌ててたずねてみると、いつものように穏やかな屋比久は「自宅で療養なんですよ」と教えてくれた。

その口調と入院の必要のない怪我であることに、ひとまず胸を撫で下ろし、彼からの「明日は太宰府駅で待ち合わせましょう」との約束にさらに安堵した。外出も許可されているそうだ。その声からも、屋比久の大学への復帰は近いと感じた。

その電話の翌日の金曜日。大勢の修学旅行生が行き交う太宰府駅前で屋比久は手を振って私を出迎え、そのまま、駅近くの彼の行きつけのカフェに案内してくれた。冒頭のゆったりとした時間というのは、まさに、この場所がもたらしたものだ。頭部の抜糸が済み、医師から勤務復帰の許可が出るまで屋比久は、この日のように徐々に外出を重ね、自らのペースで街を歩いてはリハビリをしているのだという。この日も「まだ少しふらつく」と言うものの昨日よりは改善しているとのことで、思った通り、来週からは大学に復帰ということだった。

カフェの席に着いてしばらくすると薫り高いコーヒーが出された。私もコーヒーが好きで、味には少々こだわってしまうのだが、出されたコーヒーはとても美味しかった。いったいどんな豆で、どうやって入れているのだろうか。気になって仕方がなかった。

その美味しいコーヒーを入れてくれるマスターも屋比久の大ファンであり、コーヒーが大好きな屋比久とマスターは、まさに出会うべくして出会ったようなものだ。

このマスターはすごかった。というのも、数か月の後に私が一人でこの店を訪ねた際、すぐに「前に屋比久先生と来られましたね」と覚えていてくださった。接客業の基本とはいえ、そうそうできることではない。

大正レトロと銘うった店内に、時折、ポロロンとオルゴールが鳴り響く。そのオルゴールはかなり大きなサイズで、そこから流れ出る音楽は単なるBGMにとどまることなく、その音色と音楽とが店内を温かみのある空間に変え、客は心地よく沈黙する。

「綺麗だから、近くで聴いていらっしゃい」と屋比久に勧められるままに、席を離れて目の前でそれを聴いてみた。シューベルトの『アヴェ・マリア』が、それはそれは優しく美しい音色、テクスチュアによって奏でられ、心が洗われるようだった。

このオルゴールの音色と店内に沁みわたる音楽が、ふと屋比久の創る優しく美しい音楽と重なり、屋比久のいう「綺麗だから」というひと言の意味を、それ以上の説明をまったく必要とせず、すっと理解することができる。

『アヴェ・マリア』を愛でる屋比久。その音楽づくりの基本は、この「美しい音色」であり、それが紡ぎだす「優しい音楽」である。故に、楽譜上の指示がフォルテやフォルティッシモであっても、その意味である「強く」や「とても強く！」という概念を超え、屋比久の音はいつも、何か比喩的な言い方に換えうるような、意味のある音として生まれてくる。たとえ、そこに要求されている音がフォルティッシモであっても、先に述べたように屋比久の創り出す音は限界を出し尽くしているようなものではない。さりとて、その音は一歩退くような物足りなさ、弱々しさを感じさせるものでもない。まさに、音楽の流れのなかで聴く者の耳にちょうど良い、なんともいえぬ心地よさをもたらす音だ。

そういった印象は、情報高校の演奏を思い返しても同様だ。しかし、屋比久のいう「理想に近づく」という言葉の意味は、やはり、大学の吹奏楽部ならではの可能性をついているのであろう。とはいえ、高校生の演奏では理想にたどり着けないということではないはずだ。そこには高校生としての理想もあったはずだから。そして、それは十分に叶えられていたと思う。事実、2012年(平成24年)頃の情報高校の音は比類なきものだったと屋比久は語っている。

音へのこだわり

屋比久が大学吹奏楽をどのように育てあげるのか。このことは、私も出版社も早くから関心をもっていた。自らの考えをもち、それに基づいて責任ある行動が求められる年齢の若者たちが「こうだ！」と決めた進路、あるいは生き方が九州情報大学吹奏楽部への入部であった。そして、彼らが「こうだ！」と決めたその道の途上で、屋比久の創り出す音に出合い、「これかも？」という思いを抱きはじめ、やがてその音に納得し、一人ひとりがあがきながらも、それを自分のものにしてきている。

その達成力には本当に驚かされる。当然ながら、叱らない指導者である屋比久の、恫喝もつき放しも一切ない環境のなかで、学生たちは自らと闘うことを通して、幾度も壁を乗り越えては、自らの発する音を生まれ変わらせることに成功している。屋比久はその大学生ならではの成長を見つめながら、大学吹奏楽部の潜在力に気づいたと思われるが、これも、屋比久と大学吹奏楽部との出会いがなかったら、そもそも生じなかったことだ。

屋比久の指導の下、学生が自らの力で自らの発する音を生まれ変わらせていく。音へのこだわりを学生が習慣化していることは、こだわりがない場合と比べて大きく異なる。その力は彼らの今後の音楽表現にも大きく寄与することになるだろう。一度、その音に行き着いたら、二度と以前のものには戻れない、戻る気にならない音への、そのこだわりこそが、実は音楽表現の幅を何倍にも、いや、何十倍にも広げることになるからだ。先に「意味のある音」と述べたが、「強い」「弱い」「速く」「遅く」だけではなく、音楽表現の創意工夫を表す言葉は、本来もっともっと多様なはずだ。

この音へのこだわりを別の視点から確認したことがある。打楽器とコントラバスのセクションの学生に「全体として変わったという印象を受けるのは、どうしても管楽器ということになってしまうけれど、打楽器や弦楽器も同じように変わってきているよね。どのように工夫しているの?」と質問をしてみた。

彼らの回答は以下の通りであった。

「管楽器の音色が変わってくることに気づくことが最初のポイントで、次には、それに溶け込もうと努力し、工夫することです」(弦楽器)

「すぐ前に位置しているチューバの音色をよく聴きます」(弦楽器)

「管楽器に要求していることがこうなのだから、打楽器ではこうする? と考えます」(打楽器)

このような答えが返ってきた。そして異口同音に「管楽器セクションの音が『綺麗になった!』」という。本当にほれぼれとする瞬間がままあり、我々も頑張らねば! という思いにさせられたとのことである。

大人の音・大人の音楽

大学生ともなると、高校生以上に学生それぞれが、様々な生活事情を抱えている場合も多い。

日々の生計を自らのアルバイトで賄わなければならない場合もある。当然、部活動に対してのモチベーションも日々の生計との両立のなかで微妙に変化することにもなる。

九州情報大学吹奏楽部においては、それらの諸々のことが一人ひとりのなかでなんとか整理され、コンクールという目標の下に吹奏楽に本格的に打ち込むことによって昇華されてきている。述べたように、具体的には音の変容という、一人ひとりの技能的課題の克服なくてはなしえないハードルをいくつかクリアしてきており、また合奏体としてのサウンドのグレードアップも果たしている。

彼らの発する音、奏でる音楽にはそれぞれの思いが秘められているに違いない。それを強く感じることがたびたびある。先に、鹿児島から福岡へと屋比久を慕って進学してきた学生について触れたが、似たような事例は他にもある。情報高校卒業後にいったんは就職したものの屋比久の大学就任を知り、その仕事を辞めて九州情報大学を受験した者が数名いる。仕事を続けながら入学のための資金を自ら準備した者もいる。

その思いがどれほどのものであったか、その彼らの奏でる音が合奏のなかから際立って聴こえてくることがあるが、その一音一音から、そこに込められている彼らの思いのようなものを感じ、そのたびに私の胸には何かが込み上げてきてしまう。屋比久は彼らの音を「大人の音」、彼らの音

太宰府の丘や山々を見ながら個人練習

楽を「大人の音楽」と称することがあるが、それぞれが多様な経緯をたどってここにきている学生一人ひとりの思いがわかるからこそ、そのように形容するのかもしれない。

この日、屋比久は「大学に勤めて本当に良かったと思っている」としみじみと語った。転職に迷いもあったことだろう。いまとなって思うに、屋比久と大学吹奏楽との出会いは運命だったということになる。

大学生相手でも「叱らない」教育

相手が大学生であっても、教育者・屋比久の叱らない教育は情報高校のときと変わらない。だが、以下のような例もある。

２０１５年度当初の九州情報大学吹奏楽部には多くの学生が集《つど》い36名となったことはすでに述べたが、大学生であるから服装をはじめ髪の毛の染色まで基本的に自由である。当然、部内にも金色に染めている学生も数人いたが、訪問するたびに彼らの頭髪は自然な色に変わっていった。

「何か指導されたのですか？」と屋比久にたずねたところ、彼は、いずれ舞台に立つ彼らに問いかけたという。

「金髪、それで出るの？」

「いけないですか？」

「いけないことはないけど、それだと目立つよ。人前に出るのだからもとの色に戻そう」

「じゃあ直してきます」

「自然が一番　気をつけようね」

「はい」

話の流れとしてはこのようであったと屋比久は私に教えてくれた。先述の「叱ってできるはもたない。裏ができてしまう。させられているという気持ちが主となる」「本人のその気を待つ。やらねばならない！　やりたい！　という気持ちを待つ」を、まさに実践した指導である。話の流れはこのようであっても、実際の指導は一度の対話で済んだわけではなく、4～5回にわたってこうした対話を積み重ねた結果だという。継続、つまり忍耐のいる指導であったわけだ。

大学生ゆえに強くは言わないことを心がけていると屋比久は強調していた。それでも、舞台に出るための基本的なマナーについて、きちんと学生に考えさせ、自己決定させているのであり、私自身も同じ教育者として学ばせてもらうことができた。

食事も心配

いくら自立した大学生とはいえ、親元を離れて間もない学生たちの体調管理は屋比久も気になるようだ。「特に男子学生が心配」と、まるで彼らの親のように学生の生活を屋比久は案じていた。屋比久がそう心配するのもわかる気がする。

あるとき「先生、お湯いただいて良いですか」と研究室をたずねてくる男子学生がいた。「いいよ」と屋比久がすぐに快諾すると、学生はカップ麺にお湯を注ぎ「失礼しました」と去ろうとする。すると屋比久は相変わらずの沖縄弁混じりで声をかける。

「今日のお昼も、それだけね？」

音楽は身体が資本とよく言われる。立派な体格の彼には不十分な量だろう。なかには生活費を切り詰めて食事をしっかりとらない学生もいるのだそうだ。また、栄養のことまで考えずに好きなものだけ食べている学生もいるだろう。育ち盛りは過ぎたとはいえ、やはり心配になる彼のランチであった。

それぞれが個性的であって、様々な思いを抱えながらも、太宰府の丘の上で同じ目標に向かって楽器練習に明け暮れる若者たち、その彼らとの日々を過ごしながら、屋比久はこれまでになしえなかった夢に向かって、あらためて歩もうとしている。その夢はもちろん、若者たちに理想とする音や音楽を実感させ、表現できる力を身につけさせることであり、そしてまた、彼らの奏でる理想の音楽を、多くの人々の耳に届けるとともに広めていくことである。

基礎練習の難しさ

述べてきたように、九州情報大学吹奏楽部は、吹奏楽部としての隊形が組めるようになったその年の吹奏楽コンクールに初挑戦し、福岡県大会を優秀な成績で通過し、九州大会においても金賞受賞という輝かしいスタートをきった。全国大会に推薦されていれば、なお良かったが、公式

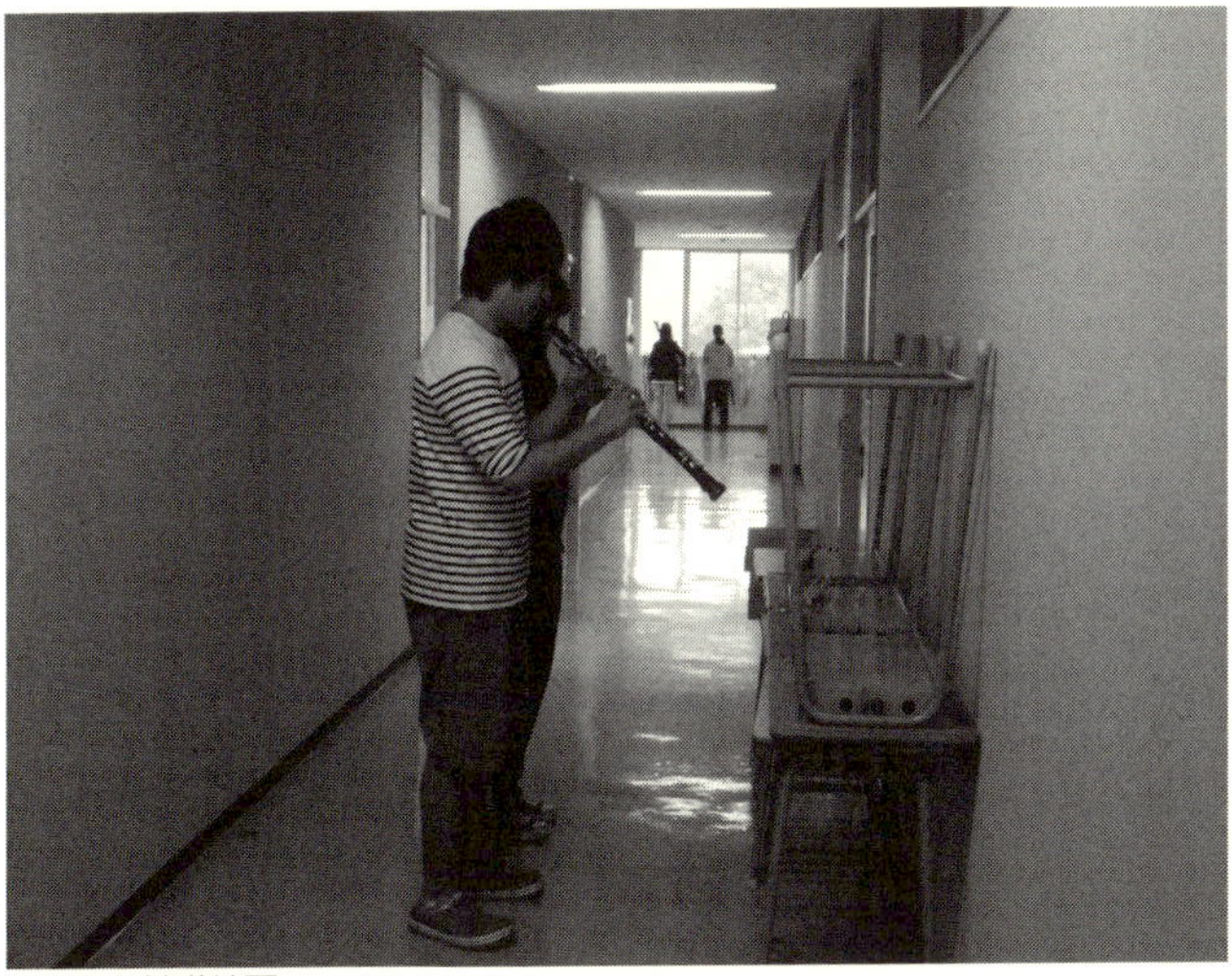
ひたすら基礎練習

活動の第一歩としては申し分ない成果だ。

その後も大学キャンパスには、一日中、個人が基礎練習をする楽器の音が鳴り響いている。基礎練習の大切さ、またその効果がわかっていても、それによって身についたものが、例えば合奏場面で生かせるようになるまでには、学生にとってかなりの忍耐が必要となる。基礎練習には反復練習が欠かせないのだが、その反復こそが人間には難しい。まずは、日々の練習がルーティン化し、基礎練習そのものが目的化してしまうことがままある。そうなると、「今日は基礎練習メニューをしっかりと消化した」もしくは「サボった」といった分量や時間だけのレベルに終始し、何のための基礎練習であるのかという、真の目的を見失うことにもなる。そのレベルに甘んずると、練習そのものに飽きてしまうことも生じてくる。

いっぽうで、課題克服に向けて毎日一生懸命に練習をしていても、知らないうちにその方向性が微妙にずれ、そのことに気づかぬまま不調を招いてしまうこともある。いわゆるスランプ状態に陥ってしまうわけだが、これは表現者にとってかなり辛いものだ。実はスランプも、後々のことを考えると決してマイナスにはならないのだが、合奏等の協同表現での個人の不調は、そのまま全体の支障のもととなり、それもさらなるストレスの要因となってしまう。

そもそも『基礎練習』とは

ずばり「基礎練習」とは「技能を身につけるためのもの」である。屋比久は、その言葉や指揮という身体表現を通して、奏でて欲しい音や創造したい音楽を学生たちに示している。これからも屋比久はそのようにしていくはずだが、まずもって、彼らが自らの感性で屋比久の要求しているものを的確につかめなければならない。だが、それがつかめたところで、また、その音や音楽を自らのうちに思い描くことができたとしても、表現者としては、自らの表現力でそれを実際に表すことができなければ、何も成し遂げられていないことに等しい。ここに技能が不可欠となる。あらためて強調しておきたい。音楽表現者としては、いくら理想として語れる音や音楽があっても、それが実際に表現できなければ意味がない。理想の音や音楽を感じとる感性と技能が両立して、はじめて理想は実現する。

彼らはただものではない

２０１５年春、吹奏楽部の本格的な始動を機に取材を再開した頃は、先に書いたように、学生たちの奏でる音は、心地よい音色に変わりはじめていたものの粗さが残り、表現している音楽も、屋比久の求めるものには達していなかった。

ところが、彼らは屋比久の求める音や音楽表現の方向性を自らの感性と自然に馴染ませ、その音や音楽を表現するための技能を身につけ、それを磨くというステップに一気に進んでしまった。その要因として、単に「良い音、良い音楽表現」にとどまることなく、「人の耳に心地よい音と音楽表現」という一歩進んだレベルで、屋比久と学生との思いが具体的に共有できたことが挙げられるだろう。そしてその実現には技能が不可欠であるということを、学生たちが早期に理解したことも大きかったと思われる。加えて、先に述べた通り屋比久を慕って付いてきた鹿児島時代の教え子たちが各セクションに散在していて、彼らが人の耳に心地よく届く音や音楽を実際に表現してくれていたことも、やはり、ステップを進ませることに相当に寄与したのではないだろうか。

梅雨の頃には、すでに音や音楽が劇的に変わりはじめ、夏にはアンサンブルによって各楽器の音色が程よく溶け合いはじめていた。年が明け、２０１６年の春頃になると、溶け合った楽器の音色がテクスチュアに独特の雰囲気をもたらすようになってきていた。例えば屋比久がよく口にする「そこでクラリネットも鳴っているはずなのに、それがフルートやオーボエ、ファゴットやサクソフォンと重なり合ってブレンドされることによってその気配だけを残し、別の音色となって音楽を織りなしている」といったようなことが、徐々に現実のものになっていた。先に触れた「ラーメンを食べていて、なんとなくそのスープに肉を感じる。それは良い。ただ、最初から肉がわかるのは良くない」という表現はまさにこのことである。

ある雑誌のインタビューで、屋比久はかつてパリのギャルド・レピュブリケーヌ吹奏楽団（正式名称はギャルド・レピュブリケーヌ管弦楽団。先に触れた「世界的吹奏楽団」とはこのことである）の音色に接して衝撃を受けたことを語っているが、彼が理想と仰いで熱く語ったその内容と、彼がいままさに、九州情報大学吹奏楽部で実現しようとしているものは、同一のものである。屋比久の求める音と音楽の良さを受け入れることのできる感性と、それを具現化できる技能を獲得しつつある若者たち。

彼らはただものではない。彼らはその音や音楽で、例えば、フォルティッシモは幼児が両手で耳をふさぐような音ではないし、またピアニッシモはよく聴こえない音ではない。そういった、音楽表現上、とても大切なことを伝えてくれるのだ。ピアニッシモにこそ響きが必要であり、抑え込まれたエネルギーが潜在しているはず。そのことを聴く者が感じとれなければ、それは生きた弱音とは言えない。そのような当たり前のことを、音や音楽の流れによって、彼らはさりげなく表してくれているのだ。屋比久ははっきりという。「音量下げて！」に応えるにはテクニックが必要であると。九州情報大学吹奏楽部はすでに、音量を自在に強弱できるようになっている。それもソロの次元で。すごいことだ。

くどいようだが、彼らは今後も基礎練習を怠るようなことはないだろう。では、これから先、九州情報大学吹奏楽部の音や音楽はどのように成熟していくのだろうか。その観点からも、２０１６年４月に入学してきた新１年生を加えての音や音楽に関心をもつのは当然のことだろう。吹奏楽部全員で奏でる音が溶け合い、心地よさを求めて挑む音楽表現。それが何よりの楽しみとなった春だった。いつか、そんな彼らを福岡サンパレスやアクロス福岡などの本格的なホールで聴きたいという期待もふくらんだ。

今後への期待

屋比久が中学生や高校生を率いて普門館の舞台に立っていた頃、今日のように大学生の前に立つ姿を、誰も想像することはできなかっただろう。鹿児島時代から取材を続けていた私も出版社も、情報高校を退き九州情報大学吹奏楽部の音楽監督として就任することを知ったときは驚きを越して動揺すらした。青天の霹靂としか言いようのない衝撃はもちろんだが、それまでの記録や、その後の取材の計画の見直し、ひいてはこの本のコンセプトの修正にも関わる出来事でもあったからだ。しかし、たびたび触れてきたが、思ってもみなかった大学吹奏楽部と屋比久との出会いに、彼らが創造する音楽に、我々の関心は一気に引き寄せられ、心配は早い段階で期待に変わった。

表現力を紡ぎだす屋比久の指揮

彼らが身につけたその表現力は音楽表現を劇的に演出することでも、意表をついて人々の目を惹きつけるものでもなく、そもそも聴衆の感動を恣意的にねらうものではない。それは屋比久の指揮を見ていれば、すぐにわかる。「中学生や高校生に対しての指揮では決して指揮者が目立ってはならない」とする朝比奈の教えの通り、対する相手が大学生であってもなお、屋比久は鹿児島時代とまったく同じく、指揮の基本図形を描きながらも音楽的な指揮に徹している。

では、熱意のこもった指揮ではないのか？　そんなことはない。屋比久の背後からではなく、その顔が見えるアングル（奏者側）に移って練習を見学したが、光線のようなまなざしを愛弟子たちに向けていることがわかる。それはものすごい集中力である。

屋比久は身振り手振りの派手な指揮はしないものの、時折独特の指揮を見せる。それこそが、自然なフレーズ感を創造するときであり、フレーズとフレーズとをつなぐとき、屋比久の言うところの「橋渡し」である。終わったフレーズに対して自然に続く音楽表現と先に紹介した。興味深いのは、屋比久の場合、次のフレーズを奏でる楽器やセクションのために、終わろうとしているその前のフレーズの終わり方を左手もしくは両手で慎重に制御していることだ。なるほど、自然

鳴り響いた音に耳をすます

に前後のフレーズをつないでいく場合には、「はじまる」後者よりも「終わる」前者への配慮が重要らしい。「終わるときに、後の人が受け継ぎやすいように気をつけるんだよ」という、屋比久自らが語るその言葉に私は納得した。

屋比久はこの指揮に関して次のように語る。

「指揮はメトロノームではない。指揮から奏者はイメージをつかむ。奏者はそれをテクニック（技能）と感性とで実現する」

奏者はもちろんのこと、指揮者にも緊張と集中力の要求される練習が終わると屋比久は指揮台を降り、舞台から降りてくる。その頃には疲れきった様子で、足取りにも慎重を期す姿が見て取れた。屋比久の指導、指揮はまさに心のパワーを出しきり、奏者にイメージを送ろうとする感性を働かせ尽くしたような指導、指揮であったと、このようなときに実感する。

屋比久の下で育まれた感性は一生もの

そうした指導により、着実に実力をつけてきている九州情報大学吹奏楽部。現在の彼らの活躍、今後の活躍、そして心安らぐ音楽への期待値も高まるばかりだ。だが、私が最も注目しているのは、彼ら一人ひとりの今後の人生に、この屋比久との音楽の日々がどのように生かされていくかである。皆で輝いた大学吹奏楽部の実りはそのままに、卒業後の長い彼らの人生にこの音楽経験がどれほどの力となるのだろうか。高校までその経験が終わっていた場合と、いまこうして屋比久と音楽表現に挑む日々がある場合とで何か変わるものがあるとしたら、それは何なのだろうか。

いまの段階で確かに言えることがひとつある。それは先ほど触れた音楽に対する感性だ。当然のことながら技能はいつか衰えてしまうものであり、日々の練習をサボれば数週間先、あるいは数日後にも地獄を見ることになる。技能の習得もさることながら、実はそれほどまでに技能の維持は難しい。さらにそれ以上の技能の向上ともなれば、長い人生をかけて練習に励まなければならないだろう。

屋比久を慕う者、なかには仕事を辞めてまで追いかけてきた者もいる。ある者は青春を、またある者は人生をかけたと言ってもいいであろう4年間の営みが吹奏楽だ。皆で奏でた音、そして音楽もまた彼らのうちに残り続け、消えることはない。人の心に沁み入る、自分たちが感性を身につけたことでたどり着いた美しく穏やかな音、人の心を温める音楽は、彼らが年老いてもなお、彼ら自身のその心に息づいていることだろう。それが何ごとにも替えがたく大切なことであると私は思う。

太宰府で彼らのうちに実ったものは、彼ら一人ひとりの生涯に有効な、音と音楽に対する研ぎ澄まされた感性であり、その感性は音と音楽以外にも人生の折々に遺憾なく発揮されることだろう。

彼らはその感性で〝美しいものの美しさ〟を語ることのできる、人としての豊かさを身につけた姿で、九州情報大学を巣立って欲しいものである。

2016年夏　九州大会を前に

8月下旬、2016年の吹奏楽コンクール九州大会を3日後に控えたその日、鳥栖市民文化会館を借りてのホール練習を終え、九州情報大学吹奏楽部部員は2台のバスに分乗して太宰府への帰路についていた。そのバスに同乗させてもらった私は、屋比久とゆっくり話をすることができた。

屋比久は練習が終わると頭が切り替わるのか、その日の練習内容についてはあまり口にしない。もちろん、部長とは明日も続ける鳥栖での練習の動きを確認したりはするが、後は周囲の学生と世間話をしたり、大変、リラックスしている。その日は保護者から差し入れられたドーナツを皆でいただいていたが、運転手さんにもきちんと袋に分けて渡すようにと部長に指示を出していた。そんな気配りからも彼の細やかな一面がうかがえる。

美しい夕刻時を迎えた福岡・筑紫野辺りの野を進むバスの車内では、学生同士の会話が弾み、賑やかで笑い声が絶えない。しかし決して羽目を外すことはない。このように、この吹奏楽部では緊張の緩む時間が思いの外多く、それは舞台上であっても同様で、上手く息を抜いている様子を目にする。ところが、いざ演奏練習となると、すっとスイッチが切り替わり、ものすごい集中力を見せる。

短い合奏練習でするとことは

この日は午前中から練習会場の鳥栖市民文化会館に入っていたが、屋比久が集中して指揮台に上がったのは午後3時からの2時間くらいであった。途中に15分程度の休憩を入れるので実質は

2時間もない。

その屋比久が指揮台に上がった2時間。やはり楽曲の通し練習はほとんどなく、音づくり、音楽づくりのための部分練習が中心となる。屋比久は音量の調整については当然として、その先にある音色の確認に強いこだわりを見せる。

音が弱くなる部分で屋比久は「大きさはそれでいい。だけどピアノ（弱く）ならそれでいいというわけではないよ」と学生に言った。

指揮者の意図を瞬時にくみ取り、それをすぐに実現できるに越したことはないが、多くの場合そうはいかない。そうなるためには、屋比久の指揮から奏者がイメージを浮かべ、そのイメージのままの音と音楽を奏でる訓練が必要となる。これはまさに前に述べたイメージを思い描く感性と、それを音・音楽で具現化する技能の両立である。

音楽表現を言葉でどう伝えるか

自由曲『エルフゲンの叫び』（G・ローレンス）の練習では、まさにそのために時間を費やした。冒頭部分のシンバルの微弱音の音色に関しては、いったん、マレットを置かせて素手でシンバルを叩かせてイメージを模索させたり、中間部のホルンのアインザッツに関しては何度かの反復練習を行った。そうした数回のやり直しの後には音色が変わり、屋比久が納得する音色が奏でられていた。そればかりか、絶妙なその表現力が音楽に命を吹き込んだかのようで、言ってみれば血が通いはじめ、それまでとは色彩が一変したという感じだ。

その気にさせるのが上手いということだろうか。いつものことながら、声を荒げることは一切なくとも、学生たちはいつのまにか屋比久の術中にはまっていく。圧巻は、楽曲中間部の曲想の変わる箇所だ。木管の重奏を基本とするアンサンブルが静かにはじまると、うっとりするほど美しい部分となる。だが、この部分で屋比久は指揮をしていた手を下ろす。その後も、音が鳴っては消え、鳴っては消えが続き、最も反復練習が多い箇所だった。

「出したいけど我慢する音」

「内緒話のように」

屋比久から伝えられる、学生がイメージしやすい比喩的な言い回しも絶妙であった。彼らは屋比久の要求に応えて美しい音色と自然なアーティキュレーションで旋律を絡めて、繊細なテクスチュアを紡ぎあげた。それに続くソロは秀逸な技能と稀有な音楽的感性によって、アリアのように美しい旋律をしっとりと奏でた。圧巻であった。圧巻の演奏をした本人はそのすごさをわかっているのかいないのか、自慢げな表情をするわけでもなく、できて当たり前という表情だ。傲《おご》ることを知らぬ若者のその姿に、屋比久の姿がふと重なった。

歌唱・弦楽器ボウイングを例に

屋比久の指導の巧みさが言葉だけかというと、そうではない。屋比久は自分のイメージを歌って聴かせることも多い。指揮者のイメージを奏者に伝える場合、声楽家のように歌って聴かせる必要はまったくなく、いかにそのイメージが伝わりやすいかの方が重要となる。しかし、屋比久は絶妙な歌唱技能で自らの意図を伝えてしまう。

ヴァイオリンを弾く真似をして見せ、吹奏楽器奏者でありながらも学生にヴァイオリンの弓の動き（ボウイング）をイメージさせることもある。その場合、音をスムーズに持続させるために「どこでどのように弓を返すのか」といったことを、自分の持つ楽器の音色や特性に重ね合わせてアドバイスする。ボウイングにおける〝根っこからのピアノ（弱音）＝上から下への弓の動き〟と〝先からのピアノ＝下から上への弓の動き〟の両者を挙げ、後者の難しさを指摘していた。その話を耳にしてから私は、九州情報大学吹奏楽部の演奏には後者の「先からのピアノ」が多いことに気づくようになった。

このヴァイオリンを例示しての指導だが、元をたどれば、あの朝比奈のアドバイスではないだろうか。吹奏楽部でヴァイオリンの代用となる楽器は主にはクラリネットであるが、他の楽器も弦楽器の代わりとなることが多い。オーケストラにおける弦楽器の代わりという括りでは、多くの楽器がその対象となりうるのだ。

顔つきが変わった

真剣そのものの表情の奏者を客席前方の至近距離から見上げていると、皆、本当に素敵な顔つきになったとしみじみ思う。前年度末、つまり２０１６年3月に第1回の定期演奏会がアクロス福岡で行われた頃の36名の音は、いま思い出しても本当にすばらしかった。36名の九州情報大学サウンドが奏でられており、10か月程度で、よくぞ、ここまでになったたなぁ！　と驚いたものだ。だが、２０１６年（平成28年）度、1年生を迎えて49名になった春先の頃の音は、当然のことながら物理的なボリュームは増したものの、3月までの音でなくなっていた。新生九州情報大学吹奏楽部の胎動期のようなもので、慣れない新入部員が入ってくるタイミングでは仕方のないことでもある。それがごく短い期間で安定し、その8月には49名の九州情報大学サウンドが奏でられている、その事実が彼らの表情にも表れているのだろう。

伸び縮みする音

太宰府に向かうそのバスのなかで屋比久が「大事なのは伸び縮みするような音」と表していたが、会場で聴こえてくる音や音楽を表す言葉をなかなか見つけられずにいた私にとって、まさにドンピシャの表現であった。『エルフゲンの叫び』では、先の木管、打楽器以外にもトランペットをはじめとする金管の音も音楽も、音を〝出したまま〟にすることは一切ない。生きた音とは、このような音を言うのだろうと納得できる音だ。当然、それは彼らのイメージの産物なのであり、それを具現化できる技能の成せるものだと思う。

私のように毎日ではなく、期間をおいてその音に接する者にはその変容がわかりやすい。

屋比久がこの短期間で彼らを導いてきた世界は、間違いなく吹奏楽コンクールでいう全国レベルであろう。朝比奈仕込みの決して大げさではない屋比久の指揮には、奏者にとってイメージを想起しやすい意図が込められている。そしてその意図は日々、より高次なものとなっていく。奏者は、そのイメージを自らの感性と日々の修練によって獲得した技能で叶えていくことが課題だ。

合奏表現においては当然の課題だが、指揮者と奏者による感性と技能の関係性は「言うは易く、行うは難し」だ。それでも屋比久と彼に導かれた49名の若者らはそれを成し遂げ、彼らの創造する音と音楽は、それを聴く者の胸を熱くするという事実がある。

この時点で彼らは昨年同様、福岡県大会を通過していたが、次には九州大会が待ち構え、その先には全国大会が待っている。仮に九州を通過することが叶わなくとも、屋比久と49名の音楽は、吹奏楽には大きな表現力があるということを教えてくれている。彼らの音楽は吹奏楽でありながら、それはあたかも歌のようであり、弦楽アンサンブルのようであり、管弦楽のようでもあると言ってもよいのかもしれないが、それはやはり違うだろう。屋比久と49名の奏でる音はあくまでも吹奏楽の音だ。歌や弦楽アンサンブル、管弦楽にはない魅力を表現する吹奏楽の音だ。よく吹奏楽の音色や表現力が管弦楽のそれに比べて物足りないと言われることがあるが、決してそんなことはないと、彼らの音や表現を聴けば実感できる。これだけの実力をもっている彼らに、これ以上何を求めるというのだろうか。

2016年　全国大会当日練習

その問いに対する明確な答えが、九州情報大学吹奏楽部の音、音楽を全国大会の聴衆に聞いて欲しいという部員たちの願いが実現する審査結果として示された。すなわち、屋比久、中山両教授と49名は晴れて2016年10月29日（土）に石川県金沢市の金沢歌劇座で開催される吹奏楽コンクール大学の部・全国大会への出場団体となったのだ。ただ心残りなのは、九州大会後に一人が病気療養となり、またそれ以前より怪我のためにもう一人が療養中であったことだ。その二人の思いも加えて48名（プラス2名）は、太宰府の丘に鳴り響いていた音を、秋の深まる北陸金沢で、いよいよ全国の人々に向けて奏でる。その日はすぐそこまできていた。

彼らは本番の3日前に新幹線と特急を乗り継ぎ、約半日をかけて北陸入りをしている。到着してすぐに、福井市のホールに赴き、そこで二日間の練習を行い、コンクール当日の午前中は石川県津幡町の文化会館で練習を行い、それから初めて金沢市入りすることになっていた。

秋も深まっていたからか、金沢は意外と寒く、ウィンドブレーカーがありがたかったことを覚えている。私が、午前中に文化会館に到着したとき、屋比久らはロビーで談笑しているところであった。中山教授に温かく迎えられロビーに入ると屋比久は学生に囲まれていた。「こうした方がよいのでは？」と演奏上の役割分担について学生同士で話し合った結果を屋比久に伝えて相談しているところであった。言うまでもないが屋比久はこのようなときも優しく穏やかである。だが、学生たちはそれに甘えた態度をとることはなく、姿勢を正し、まさに直立不動で屋比久の答えを待っている。ひとしきり学生の話に耳を傾けた屋比久は「それでやってみよう」と快諾した。

「失礼しました」と笑顔で去っていく学生たち、彼らは太宰府や鳥栖でのようにホール内を使い、自主的に練習を行っているのだ。時々、漏れ聞こえる音に、やはりステップアップを実感する。九州で彼らを見続けてきたせいか北陸の地で、その空気のなかで彼らを見るのが新鮮だった。

その屋比久であるが、いつものごとく練習中に学生のなかに入ることはしない。すべてを学生に任せていて自らはコーヒータイムである。福岡から同行している旅行会社の女性添乗員がコーヒーを手配してくれており、それが運ばれてくると「これを待ってました！」と満面の笑顔になった。それをすすりながら、沖縄から駆けつけた屋比久の次女と九州情報大学の旧職員の方と中山教授とで談笑。会話が途切れることはなく、時に大笑いをしながら時間を過ごした。この旧職員の方はもちろん、昨年まで面倒を見た学生の晴れ姿を見に来場したのだが、最初から「このようなときは何かと人手が必要」と考えておられたようで、運営の手伝いをされていた。

本番直前でも

皆で時計に目をやり「そろそろですね」と席を立つ。舞台集合の時間が決められているらしい。会場に入るとあちこちで、セクションごとの練習が行われていて、それが徐々に収束して舞台へと集結。いよいよ最終練習だ。

屋比久は最後の練習でさえ通して演奏することは少ないが、数少ない通し練習を行う際は必ず計時をし、コンクールではとても大事な〝12分以内〟を確認していた（演奏時間が12分を1秒でも越えると失格となってしまう）。だが、屋比久にとってそれは最大の関心事ではないようだった。もう十分に表現し尽くせていると第三者が思えるようなレベルの表現であっても、それでOKではなく、より質的に高めていくための部分練習を繰り返していた。そこでは「音階の上りは推進力、下りは丁寧に」というような表現上の留意点も再確認するが、やはり音色の確認に時間が割かれる。その日のそれは、自由曲冒頭部分のシンバルの音色であったり、途中の木管楽器によるアンサンブルであったり、ソロの箇所だったりした。

少し距離が離れると聞き取れないくらいの声で、屋比久は静かに何がどのように良くないのかを指摘し、どのようにすると良いのか助言を繰り返していく。こうした演奏上の細かな確認より

コンクール直前　談笑する若者たち

もさらに重要な彼の言葉は「普段通りやれば良いんだよ。九州情報大学の音楽を普段と同じように舞台でつくれば良い」であった。コンクールバンドをつくらないとする彼は常に「賞にこだわらずに、九州情報大学の最高の演奏をコンクールで披露する」と学生に言い続けている。その言葉通りの演奏でコンクール直前のホール練習も締めくくられた。

本番前　心と心が通い合って

本番前、唯一心配だったのは、学生が全国大会の雰囲気に飲み込まれてしまい、普段の実力が出しきれないことであった。全国大会ともなると、しばしば全体の雰囲気に緊張し

コンクール本番前リハーサル室　雰囲気が変わり真剣そのもの

てか実力を出しきれないことがあるという。それでも彼らは本番に向けて決められたスケジュール（指定場所に集合、チューニング、リハーサル）を淡々とこなし、実にリラックスしている様子だった。通常は緊張する待機時間であるにもかかわらず、彼らは互いに肩を寄せて記念撮影を楽しんだり、冗談を交わし合ったりと、吹奏楽の世界のこれまでの枠に収まらない、実に愉快な、思った以上にのびのびと振る舞う若者たちであった。

ところが、リハーサル室に案内されるとその空気が一気に変わった。彼らは自らのすべきことをしっかりとわきまえており、個人で確かめておきたいことを繰り返しさらい、合

コンクール本番前リハーサル室　ひたすら音を確かめ合う

わせておきたい相手を見つけてはアンサンブルやテクスチュアのチェックを行い続けていた。そこにはもう記念撮影も冗談もない。

そのリハーサルの途中に正装した屋比久が現れた。彼はほとんど声を発することはなく、腕組みをしながら静かに学生の間を回って歩く。気になったことがあるときのみ、それを学生に伝えているようだった。そうやって少しずつ彼が移動していくうちに、しゃがみ込んで楽器ケースのなかを点検していている女子学生の前にさしかかった。ずっと腕組みをしていた屋比久はその腕を解き、その学生の頭にそっと手をおいた。本当に優しさの滲みでる仕草だった。頭を撫でたとすると幼児に対する仕草のようで、この学生に対して少々気が引けるが、屋比久の思いはそのようなものであったろう。

驚いたその学生が咄嗟に見上げるとそこには屋比久が立っていたわけで、それがわかるとその学生は満面の笑顔に変わり、二人は会話をすることなく、ただただ微笑み合った。

彼女には長いソロがあった。練習中、その音色や表現に対しての指摘は一度も見たことがなかったが、それでも彼女は毎回、そのパッセージを本当に見事に完璧に奏でていた。このリハーサル室での屋比久の行為は、彼女への最大級のねぎらいとエールであったのだと思う。言葉はなくとも二人はその思いを交わし合っているかのようで、本当に心温まる光景であった。

このようなスキンシップを時々行い、まるで父と子のような言葉を要しないコミュニケーションは屋比久ならではのものである。歩行中、少しでも段差等が気になると、近くを歩いている女子学生の肩をポンと叩いて合図を送ってから、その学生の肩とか腕を借りる。学生は「私はステッキです」などと、その場を和ませる冗談も言ったりする。ここまでの信頼関係がすでに1年生とも築けており、日常的に目にするほんのささいなことが屋比久の人柄を伝えてくれている。

ずっとリラックスしていた彼らだが、舞台袖で前団体の演奏を聴いているときだけはわけが

コンクール本番前リハーサル室　基礎練習の様子を真剣に見つめる屋比久

違ったようである。一人の1年生の女子学生が高まる緊張を抑えきれずに「どうしよう、どうしよう」と、切迫するその思いを口にする。そして、前団体の演奏が終わったとたん、ついにその場に座り込んでしまった。仲間の視線がその彼女に集まった。

なんとか立ち上がった彼女の前に、躊躇することなく歩み進んだのが2年生のコンサートミストレス。彼女は怯える後輩を抱き寄せ、その背中を優しく、そしてしっかりと撫で続けた。

「本当に、本当にありがとうございます」と先輩の腕のなかでこの女子学生は笑顔を取り戻し、しっかりとした足取りでステージに歩み出ていった。最後に舞台に出るコンサートミストレスは笑顔でそれを見届けた。

このことで周囲の緊張も一気に解けたような気がした。コンサートミストレスであっても緊張は同じであったと思う。それはそれとして、後輩の状況をしっかりと見ていて、何かしてあげなければと思いそれを行動に移した彼女だが、そのスキンシップは屋比久のそれと重なるものがあり、この吹奏楽部における日頃の心と心の通い合いや、温かみのある触れ合いが招く行為であったのだろう。このコンサートミストレスだが、彼女は情報高校時代からの、いわば筋金入りの屋比久の弟子の一人だ。

「困っている者に手を差し伸べる」ということであったと思うが、彼女の行動はこの吹奏楽部に大きなものを残したと思う。その光景を見ていた多くの仲間も、これからの舞台等で同じような状況が生じた際、これを手本としてみんながこうした行動をとることができるのではないだろうか。そうだとしたらなんと素敵なことだろう。

屋比久と女子学生との言葉のない会話といい、このコンサートミストレスの抱擁といい、心と心とが通い合うとはこういうものと、長らくそのようなものを経験したことのない者にその大切さをあらためて実感させてくれた。

暗転した舞台に彼らが入り終えたのを確認して、私は急いで上手の舞台袖に向かい、そのときを待った。

加賀の国に太宰府の音が鳴り響く

全国大会という言葉は、なんとも言えぬ響きだ。彼らはその6番目に九州代表として登場している。舞台に揃い「福岡県代表…」ではなく「九州代表　九州情報大学吹奏楽部…」と紹介されたとき、舞台でスタンバイする彼らは「九州代表か！」と思ったことだろう。最高の舞台だ。ここがコンクールの頂点を決める場所なのだから。うれしいことに、福岡から駆けつけた学長も客席に座っていた。

県代表、そして地区代表と、今回のコンクールに足跡を残してきた一校一校が舞台で紹介されるごとに、ここ金沢に来ることが叶わなかった数多くの大学吹奏楽部があることを実感せざるをえない。地区代表に選ばれし者の栄光を目の当たりにしつつも、涙を飲んだ者たちの無念も痛いほどに感じる。全国コンクールは、そこにしかない高揚感、緊張感、そして感傷が交錯する場でもある。

屋比久にとっても久しぶりの全国の舞台への返り咲きであったが、当の本人にとってはそのことよりも、12分間という枠のなかで、太宰府の丘の上で磨いた音楽をいかに表現できるかの方が重要なのだ。それは「練習で行えたことが舞台で間違いなく再現できるか」ではなく、「〝舞台で何が創造できるのか〟の方に自分たちが迷わず集中できるか」どうかなのである。それを物語るのが直前のリハーサル室で彼が繰り返し述べ、最後の言葉として彼らに告げた「最後は耳だからね。自分の耳を研ぎ澄ますんだよ」のひと言である。

そのひと言は、彼らがこれから金沢歌劇座の舞台で行おうとしていることが、クリエイティヴなパフォーマンスであることを示している。

私は舞台袖で彼らの演奏を聴いていた。当然、胸に迫りくるものがあったことは言うまでもない。太宰府の本当にのどかで、山々に囲まれた丘の上で鳴り響いていた音が、ここ、遠く離れた加賀の国・金沢の全国大会の舞台で鳴り響いているのだと思うだけで、まさに鳥肌が立つような気分であった。

同時に、客席では彼らのこの音がどのように受け止められているのかと心配にもなったが、それもすぐに彼らの音楽が打ち消してくれた。自由曲『エルフゲンの叫び』前半部分が終わる頃、徐々に音量が絞られていき木管のテクスチュアが鳴りやむそのとき、前半部分の終了を告げるチャイムの一音がある。そのチャイムの音は打楽器であるにもかかわらず、まるで、それがもとより木管属であったかのように、それまでの木管の音に見事に溶け合っていた。連続してその音よりさらに音量を絞り、もう一度チャイムが奏でられるが、打楽器の無限の可能性を示すかのように、木管の余韻に融和する音を舞台に残した。見事であった。

その残響のなか、先に述べたうっとりするほど美しい木管の重奏とソロとが続き、それに鉄琴のアルペッジオがベース音のように持続して奏でられていく。ここでも木管楽器と打楽器とが見事に調和していて、これは屋比久の直前の指示である耳を研ぎ澄ますということを、個々人がしっかりと自覚しているからこそなしえているものだとわかった。私はそれを聴きながら、まさに生きる喜びというか、このような心地よいものに触れられるのなら「人生捨てたものではない」と実感し、生きていることへの感謝の念が湧き起こった。

同行の女性添乗員さんも私の隣で聴いていたが、彼女も同じ思いであったのだろう。演奏が終わったとき、「すごいですね」とため息交じりに呟いていた。鳴りやんだ九州情報大学吹奏楽部の音、音楽について「まろやかで優しい音に包まれた、穏やかで温かな音楽?」と私の感じたままを述べてみると、「それです! それ」と、すぐに共感してくれた。実は彼女も高校時代は吹奏楽部員であったという。だからこそ、目の当たりにしたその演奏のすごさがわかったのではないだろうか。ちなみに彼女は添乗という自らの業務を超え、まるで吹奏楽部の一員のように、舞台袖で、トラックの搬入口で、足りない人手を補い、特に打楽器等のいわゆる大物楽器の出し入れでは大きな力となっていた。今回の遠征における陰の功労者である。

笑顔の表彰式

終わってみると12分間のなんと短かったことか。そして、ここまでの演奏を成し遂げた以上、もう何も言うことはないというのが本当に正直な感想だった。終演後の屋比久も同じことを語っていた。また、公式写真での彼らのはじけた様子を見ても、皆が満足していることが伝わってきた。

この日、私は小松空港からの最終便で東京に戻らねばならず、18時過ぎからはじまる予定の表彰式で結果を聞くことはできなかったが、小松空港のロビーでも本日の結果が話題となっていた。そこで私は、九州情報大学吹奏楽部は銀賞を受賞したことを知った。そして、二人の3年生による笑顔での銀賞トロフィー受賞だったと後から知ることになるが、私はそのことが何より嬉しかった。実に彼らしいではないか。普段のままに九州情報大学吹奏楽部の音や音楽が表現できたのだろう。耳を研ぎ澄ますことができたのだろう。そうであるならば、それはもう最高のパフォーマンスだ。

このように屋比久は、実質的な活動開始からわずか二年目にして九州情報大学吹奏楽部を全国大会へと導いた。かつての城東高校、そして情報高校においても同様の結果をもたらしているが、いずれも吹奏楽の神様の指導力の賜物に違いない。さらに、やる気に満ちた吹奏楽部員、彼らを支える家族、学園関係者等の協力とが相乗した奇跡と呼ぶべきであろう。

パフォーマンスとミス

金賞であればより嬉しいが、コンクールである以上、それは仕方がない。この結果は複数の審査員が評価規準に即して演奏を得点化し、それを総合したものであり、コンクールであることを知ったうえで出場している限り、その結果をコンクールの結果として受け止めるのは当然である。ただ、それは得点化されたものの順位であって、パフォーマンスの優劣を意味しているものと考えることはない。コンクールでのミスは減点対象と言われているが、そのミスはコンクールであるがゆえに結果に響いたというだけのことで、ミスがパフォーマンスそのものの価値を下げるわけではない。演奏上のミスをいつまでも悔やむ必要はないのだ。

そもそも、ミスのないパフォーマンスなど世の中にあるのだろうか。もしミスのない完璧なパフォーマンスを求めるのなら、それは芸術というものから、すでに遠ざかりはじめてしまっている可能性もある。ミスのない演奏をするという気持ちが強すぎて、パフォーマンスがネガティヴな方向に向くくらいなら、ミスを恐れぬ気持ちで演奏に臨む方がやはり健全ではないか。もしミスをしてしまってもパフォーマンスは決してネガティヴなものでなく生気溢れるものであったと言えるからだ。

このように考えると、ミスはパフォーマンスを価値づけるものとしてあまり関係がなく、演奏でのミスの有無はなおのこと大きな問題ではない。奏者一人ひとりが正確なタイミングを心がけて合奏を成立させることと、その都度異なる音量、音質、音楽の方向性、流れや勢いをよく聴きながら、その音楽の流れのなかの決められた一瞬に「いま求められている音はこれだ！」と直感し、その思いの通りの音を合奏に溶け込ませていくこと。その両者は本質的に異なっている。だから、本番でのミスに過敏になるよりも、屋比久の教え通りに空間を流れる音に耳を澄ますことの方がよほど大切であろう。

九州情報大学吹奏楽部には、これからも練習通りのパフォーマンスを本番での目標とするのではなく、耳を澄まし、あらためて舞台での音楽を創り上げていくようなパフォーマンスを大切にして行って欲しい。そして、金沢での私のように「人生捨てたもんじゃない」という思いを、聴いている人々が実感できるような音楽を奏で続けて欲しいと切に願う。

九州情報大学吹奏楽部の未来に向けて

２０１７年４月、九州情報大学吹奏楽部に新たな新1年生15名が入部した。ようやく全学年が揃ったことになる。そうなると２０１７年度は、吹奏楽部の完成年度となるわけで、初めて全学年が揃っての音もまた楽しみである。

しかし、４年生の吹奏楽部活動と就職活動との両立をどのようにするのか、総部員数が55名を超えた場合のコンクール・メンバーの選出等、これまでに経験してきていない課題がすぐそこにある。アルバイトと部活動の両立についても依然残る課題であろう。九州情報大学吹奏楽部の場合には、これから自分たちでその乗りきり方を考え、歴史をつくっていかなければならない。だが、考えようによっては、それはとても貴重なことだ。であるならば、吹奏楽部の創成期に、そこに居合わせた者としての幸運を思い、個々がそれぞれに与えられたその使命を果たすのみではないだろうか。

屋比久の指導力と大学を挙げての応援とが相乗し、九州情報大学吹奏楽部は実質的な創部から2年目での全国大会初出場を果たし、そこでの銀賞受賞。なんと驚くべきことだろう。たった4年前には、九州情報大学には吹奏楽部が存在すらしていなかったのだ。

全国の名門大学吹奏楽部の名が連なる金沢の全国大会の舞台に突如現れた新生吹奏楽部。その実力と潜在力を10月29日に金沢に集まった誰もが感じたはずである。だが、挑戦者でいられる時期は、初めてのあの金沢ですでに終わった。２０１７年度は九州情報大学吹奏楽部を目標とする挑戦者が新たに現れることだろう。

それでも、九州情報大学吹奏楽部のメンバーたちのすることは、いつものように地道に自分を磨き続けること以外にない。あの太宰府の丘の上から山々に楽器の音色を響かせ続ける日々を送っていれば、これからのコンクールの場でも結果は必ずついてくるはずだ。全国大会で金賞を受賞することは決して楽なことではないが、それももう夢ではない。

その歴史は浅くても

歴史の浅いことの宿命で、述べた通り九州情報大学吹奏楽部は今後も未経験の課題に直面する

練習室に飾られているプレート

ことになるが、それでも、屋比久の笑い声がいつも研究室から聞こえてくるに違いない。屋比久と学生とが笑顔による心の会話を交わし、先輩が後輩を慮《おもんぱか》り、後輩が先輩を慕うような、心と心との通い合いが自然に沸き起こるような空気はすでに部内につくられている。どこの吹奏楽部にでもあるわけではないその空気を大切に、屋比久、中山教授の両指導者と、全国から集《つど》う若者とで一つひとつ、忘れえぬ思い出をつくり、意味のある一日一日を歩み続けていって欲しい。

ここまで述べてきたように、屋比久の鹿児島から福岡への転身には涙の物語も少なくないことを思いつつも、この吹奏楽部の創部から初めての全国大会出場までの3年間を垣間見ることができた幸運をいま、思わずにはいられない。太宰府というそれまで馴染みのなかった地で自分の見つめてきた吹奏楽部。音楽監督・屋比久という吹奏楽の世界における神のような存在の下、大きな方向性は決まっていても何もかもが不確定だった。コンクールに出場するかどうかさえ最初は皆で揉めていたほどだ。

だが、数ある部活動のなかのひとつでありながら、多くの教職員が語っているようにその音で存在感を示すことができ、それが優れていれば、そのすごさすばらしさが容易に聴く者に伝わる。それが吹奏楽部だ。吹奏楽経験者が集まった九州情報大学吹奏楽部の音や音楽ではあるが、真っ赤な夕日に映える太宰府の丘の上の学内にその音が際立ちはじめ、屋比久仕込みのものに成熟したのはごく短期間のことだ。そして、それはすでに全国レベルのものということになる。

しかし、その事実は地域や地元にはそれほど知られていないのではないかとも思う。今後は、その音や音楽が太宰府の丘を降りて、より多くの人々に認められいくだろう。いずれ地域文化の担い手のひとつとなり地元の人々に愛され、慕われ、敬われて、太宰府の誇りとなる日が来ることを願ってやまない。

2014年に創設された九州情報大学吹奏楽部、それはあまりに突然の出来事であった。屋比久の音楽監督就任を核とするその創成過程はまるで多くの奇跡が重なったかのようでもあった。何かが少しでも違えば歴史は大きく変わっていただろう。奇跡がもたらしたことによる新たな歴史の1ページは、屋比久と九州情報大学吹奏楽部によってすでに刻まれた。これからも日々のドラマが歴史をつくり、ページに刻まれていくことだろう。

屋比久は人々に愛されて

取材で九州情報大学を訪ねると、私の他にも客人がいることがよくある。それは吹奏楽指導者であったり、教師の卵であったり、城東高校、情報高校のOBやOG、保護者であったりするが、いずれも屋比久の大ファンである。それを目の当たりにするたび、屋比久がどれだけ多くの人々に愛されているのかがよくわかる。

2013年夏、屋比久がまだ情報高校吹奏楽部を率いていたときのことだ。屋比久は福岡近郊の中学校の教員として活躍する女性と福岡サンパレスを会場とするコンクールの場で再会した。彼女は城東高校のOGだったそうで、鹿児島に去っていく屋比久を見送ることになった一人である。さぞ、悲しい思いをしたことだろう。

再会した二人はホールのロビーで言葉を交わすことなく、ずっと手を握り続けていて、その様子を脇で見ていた私も胸のつまる思いであった。

再会の喜びのうちにも彼女の当時の悲しみの深さが私にも伝わってくるようで、生徒にとって屋比久が目の前からいなくなるということが、どれほどの心の痛手であるのかがわかるような気がした。

同様のことは再び、鹿児島から福岡へ去るときにも生じている。当時の情報高校には屋比久の指導を受けるために福岡から進学してきた者も数名いた。その彼らが3年生になるというときに屋比久はその情報高校を辞め、あろうことか、彼らの郷里である福岡に移り住むことになったのだから、彼らの心中は察して余りある。

とはいえ彼らはその後、それぞれの道をたどって高校生活を終え、いまは揃って屋比久の前に座っている。まずはめでたしというべきところだが、あるとき、屋比久はそのうちの一人の女子学生に「吹奏楽指導をいつまで続けられるかなあ。君が4年生になるときに僕が辞めたらどうするね?」と、冗談交じりにたずねたらしい。

彼女はぼろぼろと涙を流して泣きはじめてしまい、慌てて屋比久は慰めたらしい。私が訪問した際に、屋比久と当人とでそのことが話題となったが、いまでは笑い話として済んでいるようで幸いである。

この話のみならず、学生が屋比久を慕う気持ちは、日常の活動における何気ない一瞬に垣間見ることができる。いかに叱らない教師とはいえ、学生たちは屋比久に対して深い敬意をもって接し、いつも程よい節度を保ちながら師弟関係を続けている。その姿は大変礼儀正しく、見ていてすがすがしいものである。一見、彼らの間に距離があるようにも見えることもあるが、それでも、ふとした折に屋比久を見つめる学生のまなざしや笑みに、彼に対する好意と絶大な信頼感を感じる。

吹奏楽の神様　人生の師

このように人々が屋比久を慕う気持ちは、私の想像を超えて深いようだ。どうして、かくも屋比久は人の心を惹きつけるのだろう。もちろん、神と称される吹奏楽指導者としての彼に畏敬の念を抱き、彼の創り上げる音楽に魅了され、彼から学べるものは学びたいという思いもあるだろう。

だが、それだけではなく、人々は何より人としての屋比久を愛してやまない。いつも穏やかで、気持ちも落ち着いていて、共にいると、こちらの気持ちまでもが緩やかになり、心がじんわりと温まってくるような、そんな気分にさせるのが屋比久である。そのような屋比久と会って、話ができるだけでも人々は十分に満たされるのではないだろうか。事実、情報高校の保護者の何人かが「子育てに悩んだり、何かに行き詰まったりしたときは、屋比久先生を訪ね、先生に話を聞いてもらうんですよ。私たち、親にとって、屋比久先生は人生の師でもあるのです」と語っていた。

この言葉をして、屋比久は吹奏楽の神どころか、人々にとっての人生の師、もしくはまさしく神なのだと感じる。その神はまったく傲《おご》り高ぶらず、相手によって態度を変えることもない。誰に対しても心が開かれている。

2013年、夏の福岡でのコンクール当日、屋比久は自身の長女と可愛らしい二人のお孫さんと久々に再会した。多くの人でごった返すロビーで人々に囲まれていた屋比久だが、彼を慕う人々の挨拶や談笑がひと通り終わったそのとき、彼はおもむろに娘やお孫さんと腕を組み、互いに寄り添い、まるでスキップでもするかのような足取りで、人ごみのなかに消えて行った。

それは長い単身赴任による、互いのやるせない思いの隙間を一瞬にして埋めるかのような姿でもあり、私がこれまでに見てきたなかで最も心温まる家族の情景であった。と同時に、単身赴任を続け、言うなれば家族との時間を犠牲にしてわが国の吹奏楽の隆盛を担ってきた屋比久であるが、たとえ遠くに離れていても、家族の絆は心と心の絆でつながっているという、至極当然なことを思い起こさせる情景でもあった。家族と二人三脚のように歩む屋比久の後ろ姿を見送りながら強く感じたことは、屋比久は彼にとって最も大切な家族にも深く愛されているということだ。愛娘と孫に囲まれて人ごみに消えていくその姿は、人々に愛される屋比久の、まさに象徴的な姿でもあった。

指揮台での人生　これからも

２０１６年秋、屋比久は中学校と高等学校にとどまらず、大学の吹奏楽部をも全国大会へ導いた。九州情報大学吹奏楽部の演奏が終わったその瞬間に発せられた「ブラボー！」は吹奏楽の神としての再起を待ち望んでいたファンの歓喜の声でもあったろうし、人としての屋比久を慕う者の心からの歓迎の意思のあらわれでもあったのだろう。もちろん屋比久をよく知らぬ聴衆からの純粋な称賛も多分に含まれていただろう。

いつも笑顔で、人を笑わせては自分も大声で笑う愉快な一面を見せる屋比久。いつ思い浮かべても屋比久の顔は笑顔である。常に安定した心持ちで、感情的になり周囲を不安な気分にさせるようなことは絶対にない。

そんな屋比久であるが、その心のうちには大きな悲しみが秘められているに違いない。2014年末に訪れた、夫人の突然の死である。人生の最大の悲しみは伴侶を失うことだと聞いたことがある。当時の屋比久の憔悴しきった様子については、すでに述べた通りであるが、いまの屋比久はそこに蓋をしているかのように、その不幸を周囲にみじんも感じさせない。それどころか、なかなか癒えることのない痛手を心に負いながらも、いつも穏やかに微笑み、人々の間でその一人ひとりをじんわりと温める、太陽のような存在でいてくれるのだ。

人々に愛され慕われている屋比久のその姿を、他界された夫人がその目で見ることはもうない。しかしきっと、いつでも屋比久や家族の一番近くから、彼らを優しく見守り続けている。心と心とがつながっているとは、まさにそういうことだ。

屋比久がその人生の長い時間を指揮台で過ごしてきたことは事実であろう。そしてまた今後も、夫人がすぐ傍で見守るその指揮台に、いつまでも、いつまでも立ち続けるに違いない。あのまろやかで優しい音に包まれた、穏やかで温かな音楽を、より多くの人の耳にこれからも届け続けるために。それによってどれほど多くの人が「音楽ってすごい」と実感し「生きているってすばらしい」という思いに満たされるのか。そしてまた、どれほど多くの人が癒され、救われるのか。

屋比久はこれからも大勢の人々に必要とされ、愛され続けることだろう。いつものように大声で笑い、穏やかな時間を過ごしつつ、若者たちとの真剣な音楽表現を追求する日々を、屋比久は生きていく。

あとがき……　その前に

九州情報大学吹奏楽部の君たちへ

君たちは思いも様々に福岡に集まってきた。そして思えば、２０１５年は九州情報大学吹奏楽部のターニングポイントだった。その思いがそれぞれ一致していたわけでもなく、部活動の方針ではじめは揉めた。

「コンクールのために、土日もなく練習を頑張るなんてごめんだ」

そんな声もあったという。

「アルバイトで忙しくて、土日はそれどころではない」

大学生ならではの、当たり前の声だ。

いっぽうで、「コンクールに出るにしても、このような音では出たくありません」と屋比久に訴えた学生もいたという。

福岡の中心街、天神にもほど近い。しかも遊びたい盛りの年頃だ。せっかく、地方から福岡に出てきたのだから、土日は遊びたいというのはごく自然な話である。また、アルバイトを休めば、明日の生活に困る。あまりに欠勤が続くようならば仕事を辞めさせられてしまうだろう。これも切実な話である。

それでも君たちは、屋比久の下でコンクール出場を決めた。その紆余曲折については君たちからも、もちろん屋比久からも聞いた。まさに、吹奏楽部の危機ですらあり、大学が掲げたビジョンそのものの危機ですらあった。

その難局を当時の36名が乗り越えたとき、本当の意味で、九州情報大学の吹奏楽部が、その本来の活動を開始したことになる。その日以来、君たちは九州の吹奏楽強豪大学の背中を追いはじめた。その頃は、はるか遠くのその背中に追い付くなんて、とても無理だと思ったことだろう。それでも、取材に訪れるたびに、君たちの奏でる音に私は驚かされた。つくられていく音楽に屋比久を感じた。それはつまり、36名が屋比久の指導を受け入れていることを意味していた。そうなると、後はそれが実を結ぶ時期がいつかということでしかなかった。

2015年夏、全日本吹奏楽コンクールの大学部門の福岡県大会を抜けて九州大会に進む快挙を成し遂げた。あっぱれとはまさにこのこと。残念ながら全国大会進むことはできなかったが、36名という中編成で勝ち取った金賞は見事である。

君たちは全国大会常連大学の背中を追いかけていながら、そのとき、すでに追われる立場にもなっていた。このことは強く自覚していただろう。私は屋比久がこれまでに育ててあげてきたすべての学校と同じように、九州情報大学が近いうちに大学吹奏楽界の強豪校となり注目の的となることは間違いないと思っていた。

2016年夏、それは現実となった。49名で成し遂げた。

初めての全国大会では全国に名の通った大学吹奏楽部とあいまみえながら、気後れすることなく銀賞を受賞している。そこに至るまでには、やはりなんといっても屋比久の力が大きかったと言えよう。

知っての通り、屋比久はこれまでに彼が指導してきたどの学校であっても、就任後の早い時期に結果を出してきたし、君たちもまた結果を出した。それでも、これまでの屋比久の実績と大きく異なるのは、君たちが大学生ということだ。述べたように、私も出版社もそのことには早くから注目し、関心をもち、そしていまがある。屋比久の真骨頂である「叱らない教育」は、まさに大人として、自ら考え判断することが当たり前の君たちにこそフィットするはずと考えているからだ。考えてみれば、先のコンクール出場か否かの葛藤も、君たちが自立した大人であるからこそ生じたことだ。

これから、太宰府でどのような音楽が奏でられていくのか。コンクールなどを通してそれが全国に発信されることも楽しみだが、屋比久の下、仲間と良質な音と高質な音楽を追求し続けた経験が大学卒業後の長い人生に生かせることも重要だ。君たちはいま、輝かしい20代を過ごしているが、人はいずれ年老いてゆくものである。いつかおのれの人生を振り返ったとき、九州情報大学での経験が君たち一人ひとりを支え続けていたならば、どんなに素敵なことだろう。

時間を忘れて日々の練習に打ち込んで壁を乗り越えたときの達成感や、緊張の連続の後に味わう本番での大いなる喜び、反して、その本番での失敗や挫折、表現者が味わう天国と地獄はいくらでもある。懸命に生きていても報われないことがあるということも嫌というほど知っただろう。だが、重要なのは思い通りの表現を成し遂げたときの思いも、そして、表現者として強いられる緊張や自責の念も、我々が愛する音楽に包まれ、音や音楽が溢れるなかで生じていたということだ。

太宰府の丘より

音が溢れ、音楽が溢れるなかで生きる。そんな幸せなことが他にあるだろうか。二度とない人生の瞬間、その瞬間に音を聴き音楽を感じ、そして表現する。大学生活での圧倒的な時間をそのように過ごしてきている君たちの心のなかに育まれたものは、本番での成功や失敗をも飲み込む宇宙のように広がり続ける音楽への無条件の共感と、それを表現する喜びであろう。

そして、気づいて欲しい。自然な感情で音楽に共感できること、音楽表現に喜びを感じることができるのも、音楽をさらに美しく表現することが可能なことも、すべて屋比久から学んだことであると。君たちに願う。感謝の気持ちを忘れることなく、君たちの心にすり込まれている音や音楽、人の心に沁みわたる音楽を、次の世代に伝えていって欲しい。

言うまでもないが、音楽は自分だけの人生を変えるものではない。例えば、目の前に悲しみ疲れきっている人々がいたとしても、ひょっとしたら、自らの感性で磨き上げた音や音楽でならば、悲嘆し疲弊している人々の力になることができるのかもしれない。可能なときでよい。人の心に寄り添うことを忘れず、優しく柔らかなその音と温かな音楽とで人の心を潤し、明日も前向きに生きようとする思いで満たして欲しい。運命によって屋比久の下に導かれ、太宰府の丘の上であの音を、あの音楽を奏でた君たちにはそれが可能なはずだ。もし何かに迷ったら、49名の君たち、そして、これからこの吹奏楽部に集《つど》う若者たちは、まほろばの里・太宰府での日々を思い出すが良い。答えは必ず見つかる。

あとがき

「屋比久先生のことを本にしましょう」

出版社から企画を相談されたとき、正直、戸惑った。その当時、屋比久は鹿児島で吹奏楽指導をしていたわけで、その取材に要する出版社の負担や取材の労力を思うと、ふたつ返事という具合にはいかなかったからである。

ところが出版社の意志はかたく、屋比久の下に、折を見て通うことになった。この5年間、日帰りで鹿児島や福岡を幾度も訪れた。当初はやはり九州は遠いところだというのが正直な印象であった。

だが、いまは少し違う。取材の帰りの飛行機は多くの場合最終便となり、離陸して間もなくすると睡魔に襲われ、爆睡するのだが、一度だけ、羽田に到着するまで、まんじりともせずに夜景を眺めていたことがあった。福岡空港離陸直後に太宰府天満宮が眼下に見えたことがきっかけだった。

離陸のために暗くされた機内環境と、その日の好天とが幸いした。離陸直後の機内からは美しい福岡市街地の夜景が見えていたが、そのなかに、町の灯りに反転するように黒い一筋となっている、鉄道路線と思《おぼ》しきものが見えた。もしや、つい先ほど利用した西鉄電車のものではないか?と直感し、その路線の周囲をたどってみた。

まさしく、飛行機は太宰府の上空にいたらしく、昼間とはうって変わっての、人気のない仲見世参道の街路灯の列、太宰府駅、その手前の五条駅、そして、比較的大きな二日市駅ホームの照明が夜目にもよく判った。自分は昔から地図を見ることが好きだったので、地形を判別するのが得意なことも幸いしたのだろう。

そうこうしている間にも、どんどん後ろに過ぎていく太宰府の夜景を見下ろしていたら「屋比久先生は帰路についたかな？　一生懸命に合奏していた学生たちは、この視界のなかで何をしているのかな……」というように、そこにいるはずの人々への思いが急に込み上げてきた。

周りの乗客に怪訝な顔をされるほどに後方を振り返っていたかもしれない。それでも、自分が先ほどまで会っていた人々のいる町を見ていたかった。ただただその一心だった。すぐに、太宰府は福岡の夜景のなかに紛れてしまったが、その灯りが見えなくなるまで、ずっと見ていた。

それからは、眼下の夜景を食い入るように眺めていた。東京までの距離感を視覚で感じたかったからだ。おそらく、大分県のどこかの街の夜景と、遠くかすむ北九州方面を見ながら九州を離れ、ほどなく見えはじめた瀬戸内の広島や岡山の灯りを遠望していると、それまでとは規模の違う神戸と大阪の夜景が眼下に広がる。そして、少しの間をおいて、それは名古屋の灯りに変わる。

その後、屋比久と初めて打ち合わせを行った浜松が遠望できる辺りでは、飛行機は降下をはじめている。やがて、機内の照明が着陸のために消されて再び暗くなると、前方には横浜、さらには東京の灯りも見えてくる。その間、約1時間半である。

「東京と九州は、こうしてつながっていたんだ」と納得させられた。太宰府の夜景が残像として瞼に残るうちに東京までの夜景を見続けてくると、そう思える。九州は地理的に近くないはずだが、そのときの私にとっては意識のうえではもちろん、地理的にも、さほど遠いとは感じられなかった。

不思議な気持ちというのか、もし自分に超越した視力があったなら、空を飛べる羽根があって空高く舞い上がれたら、屋比久や九州情報大学吹奏楽部の学生たちが、いま何しているのか見えてしまえそうだなと、ありえない愚かなことすら考えた。

それはやはり無理でも、その日以来、夕方になると西の空を眺めては目を閉じ、以前とはまったく異なる意識で、福岡で頑張る学生たちと、それを支える屋比久のことを思い、彼らの存在を、自分が見てきた通りの距離感で感じ続けることができている。

九州へ取材に通いながら本を書くことなんて可能なのだろうか？ という大きな不安は常にあったが、屋比久と鹿児島、福岡の皆さんのご厚意、善意により、なんとかそれを克服し、乗り越えることができ、この本ができあがった。遠隔地への取材を織り込んでこの企画を立ち上げた出版社にも脱帽である。取材地が鹿児島から福岡に変わり、早朝3時に起きて初電で羽田空港に向かい、深夜、日付が変わってから帰宅する取材は、正直いって決して楽ではなかった。しかし、福岡で屋比久教授、中山教授と学生たちの活動を目の当たりにして、「このことを伝えねば」「この人たちの音楽のすばらしさを伝えねば」という思いは、日増しに強くなり、絶えず湧き起こっていた。音楽監督の屋比久の真骨頂といえる、叱らずに、話し合って納得させる教育方針は、大学生相手にも功を奏し、浸透している。これからますます楽しみである。

屋比久の就任とともに入学した3名の吹奏楽部員でスタートした九州情報大学吹奏楽部。

「人生に難儀は必須、その難儀を乗り越えさせるために先生はあえて難儀を学生にぶつける。その難儀はコンクールへの過程を一生懸命に生きることであり、日々の精進である。感動は、それらがあるからこそ得られるもの」と笑って語る屋比久。その屋比久を信じて、九州情報大学のみんなは、さらなる高みに達して、生きている限り音楽を愛し、音楽を求め、そして、その音楽をより多くの人に伝えて欲しい。すでに、君たちの奏でる音や創造する音楽は人の心に染み入り、忘れられない思いをその心のうちに刻むほどのものになっているのだから。

原稿が自らの手を離れることにホッとしている反面、屋比久と九州情報大学吹奏楽部について書くことがなくなる一抹の寂しさを感じてしまう。そんなとき、慣れない沖縄弁で屋比久の口調を真似て、彼と会った日々のことを追想してみる。そうすると、彼の笑顔がすぐに目の前に浮かび、優しい沖縄弁が聞こえてくる。今日も屋比久は、その優しい沖縄弁で若者たちに語りかけ、意味のある音を追求し、人々の心に温かな灯《ともしび》となる音楽を奏でていることだろう。西の空を背伸びして見やり、耳を澄まして、屋比久に仕込まれた彼らのその音と音楽を聴こうとしてしまう自分がここにいる。

末筆となりましたが、屋比久勲先生、そのご家族の皆様、中山彰信先生、九州情報大学の教職員、学生、吹奏楽部員の皆様、そして、原田学園鹿児島情報高等学校の教職員、吹奏楽部員の皆様、伝えきれないほどの感謝の気持ちでいっぱいです。また、株式会社スタイルノートの池田茂樹様、薄井真生様、スタッフの皆様、5年間に及ぶ鹿児島、福岡、浜松、横浜での取材や編集に際して、いつも傍らで支えてくださり、どのようなお礼の言葉であっても自らの思いを満たせないほどです。心よりお礼を申し上げます。

山﨑 正彦（やまざき まさひこ）

略歴

1957年長野県生まれ。中学校、高等学校、小学校の教員を経てから武蔵野音楽大学大学院音楽研究科に入学し音楽教育学を専攻。修了後、武蔵野音楽大学音楽教育学科講師として後進の指導にあたり現在に至る。主な研究領域は教員養成と音楽鑑賞指導。これまでに小学１年生から大学生までのすべての学年での教育経験があり、現在、幼児教育現場における指導アドバイザーもおこなっている。音楽鑑賞指導に関しては、2006年より全国各地で指導方法などについての講演をおこなってきている。著書に『金賞よりも大切なこと』『見つけよう・音楽の聴き方聴かせ方』（共にスタイルノート）、共著に『音楽鑑賞の指導法“再発見”』（音楽鑑賞振興財団）がある。

吹奏楽《すいそうがく》の神様《かみさま》　屋比久《やびく》勲《いさお》を見《み》つめて
——叱《しか》らぬ先生《せんせい》の出会《であ》いと軌跡《きせき》

発行日　2017年10月5日　第1刷発行

著　者　山﨑正彦《やまざきまさひこ》
発行人　池田茂樹
発行所　株式会社スタイルノート
〒185-0021
東京都国分寺市南町 2-17-9　ARTビル 5F
電話 042-329-9288
E-Mail books@stylenote.co.jp
URL http://www.stylenote.co.jp/
装　幀　Malpu Design（清水良洋）
印　刷　シナノ印刷株式会社
製　本　シナノ印刷株式会社

ISBN978-4-7998-0163-5　C1073
